다시 경제를 생각한다

다시 경제를
생각한다

위기의 대한민국 경제, 올바른 해법을 찾아서

• 김정호 지음 •

지금 우리의
선택이 10년 후
한국의 미래를
결정한다

21세기북스

● 들어가는 글

다시 재벌의 역할을 생각한다

"가공자본을 만드는 순환출자를 없애는 방향이 맞고요, 유예기간을 주되 단호하게 철폐해야 한다고 봅니다."

『안철수의 생각』, 126쪽에 나오는 말이다. 나는 안철수 원장이 가공자본의 정확한 뜻을 모르면서 이 말을 했다고 확신한다. 왜냐하면 자기가 이사회 의장으로 있는 안철수연구소도 가공자본을 만들어내고 있기 때문이다. 2010년 10월 안철수연구소는 자회사인 ㈜노리타운스튜디오에 22억 5,000만 원을 출자했다. 그것이 바로 가공자본이다. 그 사실을 알고도 가공자본이라는 말을 쓰지는 않았을 터다.

무슨 말인지 의아할 테니 간략하게나마 설명하겠다. ㈜노리타운스튜디오에는 22억 5,000만 원의 출자로 22억 5,000만 원의 자본금이 생겼고 그 돈으로 사업을 꾸릴 수 있게 되었다. 가공자본금은 두 회사를 합쳐서 생각할 때 생겨난다. 즉 자회사에 22억 5,000만 원이 간 반면, 안철수연구소가 쓸 수 있는 돈은 정확히 그만큼 줄었으니 늘어난 돈은 없다. 반면 모회사의 자본금은 줄지 않고 자회사의 자본금은 22억 5,000만 원이 생겼으니 전체 자본금이 22억 5,000만 원 늘어난 셈이다. 쓸 수 있는 돈은 그대로인데 자본금만 늘어났다 해서 가공架空자본이라고 한다. 가짜 자본이라고 해도 될 것이다.

그런데 이름을 악의적으로 붙여서 그렇지 가공자본은 기업경영에서 자연스러운 현상이다. 기업이 다른 기업에 투자할 때는 늘 생기는 일이다. 오죽하면 착하게 살려고 온 힘을 다하는 안철수의 기업도 가공자본을 만들지 않는가.

재벌개혁 논의의 불편한 진실

이 문제는 경제민주화, 그중에서도 특히 재벌개혁 논의의 불편한 진실을 잘 드러내준다. 누구도 자기가 무슨 소리를 하는지 알지도 못한 채 말을 한다는 것이다. 안철수 원장도 가공자본이라는 말의 뜻을 제대로 알았더라면 비난하지 않았을 것이다. 기업을 직접 경영해본 안철수 원장마저도 이런데 다른 사람은 더 말할 필요가 없다.

새누리당이든 민주통합당이든 정치인들은 입만 열면 경제를 민주화해야 한다고 열을 올린다. 낙수 효과가 없으니 재벌들을 족치자고 한다. 가공자본을 제거하기 위해 추가 총액제한을 부활하자고 한다. 1퍼센트로 99퍼센트를 지배하는 것을 막기 위해 순환출자를 끊어내자고 한다. 부의 부당한 대물림을 막기 위해 일감 몰아주기를 근절하자고 한다. 국민은 박수를 보낸다.

그런데 이건 마치 바보놀이를 보는 느낌이다. 말하는 사람도 뜻을 모르면서 단어를 나열하고 듣는 사람은 더욱 그 뜻을 모르며 듣는다. 그런데도 서로 열도 내고 박수도 보내며 맞장구를 친다. 그래서 지금 내가 세상에 '임금님은 벌거숭이'라고 외치는 것이다.

이 책을 읽는 당신은 순환출자가 뭔지, 가공자본이 뭔지, 출자총액제한이 뭔지 정확히 알고 있는가? 십중팔구는 모를 것이다. 내 주변의 지인들에게도 이런 것들에 대해서 물어보았지만 안다는 사람을 거의 못 봤다.

일단 용어 자체를 모른다. 순환출자라는 말을 들어본 사람도 몇 안 되는 판에 그것이 왜 문제인지 또는 문제가 아닌지를 판단하기를 기대하는 것이 우습다. 하물며 가공자본, 의결권 괴리, 수직계열화 등의 개념을 일반 국민이 어떻게 알겠는가.

기업을 하는 사람들이나 기업에 취직해서 일하는 사람들조차도 그것이 무엇인지 정확히 알지 못한다. 아니 알아야 할 이유가 없다. 가공자본이니 의결권 승수니 하는 말들이 모두 기업을 공격하기 위해 만들어낸 것이기 때문이다. 그래서 여론의 공격을 받을 일이 없는 기업들은 그런 개념을 알아야 할 이유도 없다.

안철수연구소는 사랑받는 기업이다. 따라서 안철수 원장은 자기 기업의 가공자본에 대해서 알아야 할 이유가 없었을 것이다. 다만 악덕 재벌들이 벌이는 나쁜 짓이라는 정도로만 전해 들었을 것이다. 바로 자기가 하는 일임에도 말이다.

경제민주화로 목청을 높이는 정치인들도 순환출자와 가공자본과 의결권 괴리 등의 뜻을 제대로 알지 못한다고 생각한다. 그들이 하고 싶은 것은 재벌을 비난해서 표를 얻는 것이다. 재벌과 같은 편이 아님을 분명히 해서 정의의 사자처럼 보이고 싶은 것이다. 순환출자니 가공자본이니 하는 것들은 멋있고 그럴듯하게 재벌을 비난하기 위한 수단일 뿐이다. 유식하게 보이는 용어, 남들이 알아듣지 못하는 용어, 당사자들이 반박하기 어려운 단어를 쓰고 있을 뿐이다.

재벌은 동네북

재벌은 한국에서 동네북이 되어버렸다. 경제와 관련하여 생기는 웬만한 문제는 재벌 책임이 되어버린다. 양극화도, 불황도, 어두운 미래도 모두 그들 때문에 생기는 것이 한국의 실정이다.

경제문제의 원인을 찾아내고 해결책을 처방하는 일은 무척 어려운 일이다. 그것이 쉽다면 경제문제가 끊이지 않을 이유가 없다. 경제위기가 쉼 없이 재발하지도 않을 것이다. 온갖 처방을 다 동원해도 경제문제가 계속 발생하는 것은 문제의 원인을 찾는 것도, 해결책을 찾는 것도 모두 다 어려운 일임을 말해준다.

하지만 진단과 처방이 어렵다는 것은 경제학자들에게나 해당하는 말이다. 국민의 표로 먹고사는 정치인들에게는 그다지 어려운 일이 아니다. 웬만한 문제는 재벌 탓으로 돌리면 되기 때문이다. 양극화가 심화되고 중소기업이 부진한 것은 재벌들이 과도하게 공격적으로 계열사를 늘렸기 때문이다. 청년 실업률이 높고 성장률이 부진한 것은 재벌들이 돈을 갖고 투자를 안 하기 때문이다. 중소기업이 인력난을 겪는 것은 재벌이 중소기업 인력을 빼가기 때문이다. 조금만 생각해보면 앞뒤가 안 맞는 진단이다. 그런데도 정치인들은 웬만한 문제는 재벌의 책임으로 돌린다. 더욱 신기한 것은 그런 진단이 언론과 대중의 호응을 받는다는 것이다.

　진단이 그렇다 보니 해법도 간단하다. 재벌의 문어발식 확장과 오너의 전횡을 막으면 된다. 한국만의 병리 현상인 재벌이라는 존재를 끝장내기 위해 무능한 2세, 3세에게 경영권이 넘어가지 못하도록 상속세를 철저히 징수하면 된다.

　누구나 뻔히 알고 있는 처방이 있는데 왜 재벌들은 여전히 활개를 치는 것일까. 문제는 부패의 고리다. '수구 꼴통' 국회의원과 공무원들이 재벌의 로비를 받아서 법과 정책을 왜곡하기 때문이다. 먹물 좀 먹었다는 교수들도 재벌의 장학생으로 포섭되어 곡학아세를 일삼기 때문에 만 가지 악의 근원인 재벌문제가 해결되지 않고 있는 것이다.

　이상이 재벌개혁을 주장하는 정치인과 지식인들의 일반적인 태도다. 하긴 이제는 그들만의 주장은 아니게 되었다. 워낙 그들의 공격이 집요하고 길어지다 보니 일반 국민도 그렇게 믿게 되었다. 모든 국민에게 한국의 재벌은 타락하고 탐욕적이고 나라의 발전을 막는 존재로 여겨지기에 이르렀다. 문어발 재벌은 한국에만 존재하는 기형적인 괴물로 보이기에 이르렀다.

재벌도 그저 하나의 기업일 뿐

재벌에 대한 공격과 비판은 대부분 틀렸다. 재벌 때문에 중소기업이 죽는 것이 아니다. 재벌 때문에 양극화가 생기는 것도 아니다. 재벌의 비중이 높았을 때 오히려 지니계수는 낮았다. 재벌이 투자는 안 하고 돈놀이만 하는 것도 아니다. 그들 때문에 청년실업이 늘어나는 것도 아니다. 없는 돈으로 투자하려다 보니 순환출자라는 현상까지 생기게 되었고 공격적으로 투자한 결과 청년들이 가장 취업하고 싶은 일자리를 만들어냈다. 순환출자로 가공자본을 만들어낸다고 하지만 가공자본은 정상적인 기업활동의 산물이다. 또 문어발식 기업 집단이 한국에만 있는 것도 아니다. 오히려 미국과 영국식의 전문 독립기업 방식이 예외적인 현상이다.

물론 재벌이 지고지선한 존재라고 말하는 것은 아니다. 재벌은 그저 기업일 뿐이다. 소비자가 물건을 사주면 커지고 물건이 안 팔리면 쪼그라드는 존재일 뿐이다. 그 오너들도 다른 중소기업의 오너들처럼 어떻게든 기업을 키우고 싶어하고 평생 쌓아올린 기업을 자식에게 넘겨주고 싶어한다. 그들에게도 흠이 많고 약점이 있지만 다른 사람들, 중소기업인들보다 특별히 더 악하거나 흠이 있는 것은 아니다. 어쩌면 중소기업인들보다는 재벌들이 더 법과 제도를 잘 지킬 확률이 높다. 글로벌 시장에 노출되어 있는데다 국내에서도 보는 눈이 많기 때문이다.

그런데도 재벌에 대해서는 특별한 잣대를 들이대기 때문에 그들만 탐욕스럽고 사악하고 흠이 많은 것으로 보인다. 하지만 이건 아니다. 이런 식으로 무차별적 재벌 때리기를 하면 결국 재벌 해체로까지 이어질 수밖에 없다. 그래서는 대한민국 경제의 장래가 암담하다.

재벌 이야기를 책으로 낸다

나는 이 책에서 재벌 이야기를 쓰려고 한다. 재벌 비판이 과연 사실에 근거를 둔 것인지, 또는 정확한 경제이론과 현실 인식 위에 서 있는지를 써보려고 한다.

욕먹을 것이 뻔한 책이다. 다윗이 아니라 골리앗 편을 드는 것은 정의롭지 못하다는 선입견을 준다. 그런 욕 먹을 각오까지 하면서도 이 책에서 쓰려는 내용이 진실이라고 믿기 때문이다. 또 재벌에 대한 우리 사회의 왜곡된 시각을 바로잡아야 중소기업의 발전, 청년실업 해소, 양극화 해소를 위한 제대로 된 해법이 나온다고 확신하기 때문이다.

읽기 쉽게 만들려고 나름대로 노력했지만 여전히 어려운 곳이 여러 군데 남아 있어 독자들에게 죄송하다. 그럼에도 부디 이 책이 재벌이라는 한국 사회의 중요한 측면을 제대로 이해하는 데 조금이라도 기여하기를 소망해본다.

출판을 격려해주신 공병호 소장에게 감사를 드린다. 20년 넘게 그의 생산적이며 목표지향적인 삶에서 늘 자극을 받으며 살아왔다. 이번에는 더욱 큰 도움을 받았다. 한국경제연구원의 황인학 박사에게도 지적인 빚을 졌다. 이 책에 담긴 아이디어의 상당 부분은 황 박사의 것이다. 이와 더불어 많은 자료를 제공해주신 전경련의 이철행 팀장에게도 큰 빚을 졌다. 21세기북스의 김영곤 사장님 이하 임직원들에게 감사를 드린다.

2012년 10월
연세대학교 연구실에서

● 차례

들어가는 글 다시 재벌의 역할을 생각한다 4

01 한국의 재벌 개혁론자들에게 묻는다

재벌 경제력 집중의 실상과 허상 18

재벌은 양극화를 완화했다 22
경제력 집중과 양극화 22 | 양극화는 심화되었다 23 | 외환위기가 경제력 집중도를 절반으로 낮췄다 25 | 재벌은 양극화를 줄였다 29 | 재벌의 돈이 퍼지는 경로 30

재벌, 외국에도 많다 36
재벌은 한국만의 병리 현상? 36 | 상위 20대 기업의 비중 38 | 문어발 구조 없는 미국이 예외다 39 | 미국이 특이한 예외다 43

02 독점은 악인가?

독점기업의 기준은 제각각 46
소비자에겐 착하고 경쟁자에겐 독하고 46 | 정부가 독점을 조장한다 48

재벌을 3,000개로 쪼개자고? 51
경쟁과 독점에 대한 오해 52 | 경쟁자의 수(또는 시장점유율)와 경쟁의 치열함 54 | 기업 분할의 실제 효과 56 | 경쟁 촉진인가, 경쟁 억제인가 57 | 경쟁 촉진을 원한다면 58

참여연대도 하는 문어발 확장 60
> 빠른 경제성장과 기업가라는 희귀 자원 60 | 끼리끼리 하면 더 잘한다 63 | 머무르면 죽는다 67 | 참여연대도 문어발 조직이다 69 | 한 우물 기업의 부진 70 | 모든 문어발이 성공한 것은 아니다 71 | 문어발의 두 가지 모습, 사업부와 계열사 72 | 문어발은 누구에게 손해인가 74

일감 몰아주기 다시보기 76

03 순환출자, 가공자본에 관한 오해와 진실

가공자본이란 무엇인가 82

순환출자란 무엇인가 86
> 기아자동차의 성공으로 본 순환출자의 진실 91 | 순환출자가 생겨난 사연: 강제소유분산, 부채비율 200퍼센트 규제, M&A 94 | 순환출자를 금지하면 어떤 일이 일어날까 98 | 경쟁력을 높이기 위해 순환출자의 고리를 끊는다? 100

1퍼센트로 99퍼센트 지배! 구글도, 페이스북도, 워런 버핏도 한다
102

순환출자 금지 정책의 두 가지 모순 107

투자는 하라면서 출자는 말라는 억지 111

04 중소기업, 야성을 길러주자

단가 후려치기는 글로벌 소비자에게서 비롯된다 118
> 최종제품 가격의 끝없는 추락 118 | 혁신과 변신만이 살길이다 121 | 현대자동차와 협력업체의 동반성장 123 | 2차, 3차, 4차 협력업체의 문제 125 | 최종제품이든 부품이든 가격은 시장에 맡겨라 126

진정한 동반성장은 생산과 매출의 증가 127
기업은 이익을 나누는 존재 128 | 이익공유제의 문제 129 | 생산과 매출의 증가가 동반성장이다 130

삼성·LG 동물원? 진짜 동물원은 정부다 131
한국은 중소기업이 너무 많다 131 | 삼성동물원, LG동물원은 허구다 132 | 풀무원두부 이야기 133 | 제빵왕 김탁구, 파리바게트에게 박수를 135

도루코 면도기와 중소기업 보호 138
도루코를 아시나요? 138 | 개방과 도루코의 변신 139 | 도루코의 교훈 141 | 보호막 제거했더니 중소기업이 강해졌다 143

유통업, 농업의 뒤를 따를 것인가 144
유통산업의 낙후는 국민의 부담 144 | 낙후된 유통업만 보호하는 관련법 146 | 동반성장을 못하게 하는 동반성장 정책 147

05 맏아들에게 박수를

가난한 집 맏아들 이야기 150
성공한 맏아들의 의무 150 | 맏아들이 빚을 갚는 방법 151 | 맏아들의 역할과 정부의 역할 153 | 맏아들은 억울하다 154 | 피터 팬의 나라 156 | 중소기업의 영국과 대기업의 미국 156 | 성공한 맏아들이 더 많이 나오게 하자 157

이게 낙수 효과 아니면 뭐야? 159

있는 경제민주화부터 잘 챙겨보라 163
상위 1퍼센트가 소득세 45퍼센트 납부 164 | 세계 최강의 수도권 집중 억제책 164 | 세계 최강의 중소기업 보호책 165 | 크다는 이유만으로 죄가 되는 재벌 165 | 이스라엘은 약과다 166

06 대기업 총수도 당당히 나서라

오너경영과 전문경영 170
안철수도 오너다 170 | 안철수와 이건희의 차이 171 | 기아자동차와 오너경영 173 | 승자는 시장이 결정한다 174

가업 승계는 자연스럽다 176
상속세의 숨겨진 기원 177 | 경영권 상속세는 단연 세계 최고 179 | 상속세의 폐해 182 | 자본이득 과세로 대체 필요 184

법관이여, 돈과 혈연과 학연의 유혹을 떨쳐버려라 186
유전무죄의 근원은 법관 타락 187 | 돈과 타협한 법관을 처벌하는 개혁이 필요하다 188

한국은 시대정신을 거슬러 성공했다 190
경제민주화가 시대정신이긴 하지만…… 190 | 이승만은 시대정신을 거슬렀다 191 | 박정희의 수출주도 정책도 시대정신을 거스른 것 193 | 김대중의 신자유주의 정책도 시대정신이 아니었다 193 | 경제민주화는 낡은 노래의 리메이크다 194

반재벌정서의 뿌리 197
반기업정서의 현실 197 | 시기심은 인간의 본성 198 | 시기심과 부러움의 진화적 연원 199 | 인간도 예외는 아니다 200 | 지식인의 역할 201 | 보고 싶은 것만 본다 202 | 상업에 대한 반감도 큰 원인이다 204 | 우리의 자화상과 대기업 205 | 중소기업, 대기업에 같은 잣대를 206

동화적 프레임에서 벗어나라 207

대기업 총수, 당당히 나서라 210
'제2의 최종현 회장' 나와야 211 | 피할수록 악화된다 212 | 더 베풀고 할 말은 떳떳이 하길 213

07 나는 신자유주의자다

한국이 신자유주의 국가라고? 천만에! 216
은행의 감사를 금감원 출신이 독식하는 이유 218 | 신자유주의란 무엇인가 221 | 덴마크, 핀란드, 스웨덴이 한국보다 훨씬 신자유주의적이다 222 | 한국의 노동시장과 청렴도는 신자유주의와 천적 225 | 한국인의 전체주의 성향 227

MB는 신자유주의자가 아니다 229
MB가 신자유주의를 했다고? 229 | MB 시작과 끝이 너무 다르다 230 | 광우병 촛불시위에 굴복한 것은 지지자들을 배신한 것이다 231 | MB의 변신은 보수 정치인

이 설 땅을 앗아갔다 232 | 그런다고 지지자가 늘지 않는다 233 | 한국경제는 사회주의화되기 시작했다 234 | 한국은 북유럽보다 남유럽을 더 닮았다 235 | 우리는 바로 가고 있나 236 | 사회주의로 가는 길 238

금융위기는 자유주의를 벗어나서 생겼다 239
미국발 금융위기의 자초지종 241 | 자유주의에 대해서 246 | 금융위기가 자유주의 때문인가 253 | 해결책은 무엇인가 255 | 자유주의의 위기 258 | 자유주의 구하기 264

그리스와 스웨덴과 스위스의 차이 267

나는 신자유주의자다 271
경제적 자유와 성장률의 관계 271 | 부동산 버블, 개방에 대한 시각차 273 | 복지와 성장의 관계에 대한 시각차 274

01
한국의 재벌 개혁론자들에게 묻는다

재벌 경제력 집중의 실상과 허상

재벌에게 경제력이 더 집중된다는 문제의식은 재벌개혁을 추동하는 가장 중요한 동력일 것이다. 경제력 집중이란 소수의 재벌만 돈과 재산을 불리고 있다는 문제의식이다. 학자, 정치인, 관료를 막론하고 경제력 집중 현상을 폭로하고 걱정해왔다. 몇 가지만 사례로 들어보자.

"삼성·현대·LG·SK 등 4대 대기업 그룹의 매출이 국내총생산 GDP의 40~50퍼센트를 넘어서 부의 쏠림 현상이 심화됐다."

전 국무총리이자 동반성장위원장을 지낸 정운찬 교수가 2012년 5월 울산대 강연에서 한 말이다. 이 말은 듣는 사람으로 하여금 4대 그룹이 마치 우리나라 경제의 절반을 차지하는 것 같은 생각이 들게 한다. 하지만 그것은 완전한 착각이다. 똑같은 기준을 중소기업에 적용해보면 내 말이 무슨 뜻인지 쉽게 이해할 것이다. 국내총생산에 대한 중소기업의 매출액은 119퍼센트다(2010년). 4대 그룹과 중소기업의 매출액을 합치면 국내총생산의 160퍼센트도 훨씬 넘어간다.

이런 말도 안 되는 결과가 나오는 것은 총생산과 매출액은 비교의 대상이 아니기 때문이다. 국내총생산은 각자가 생산한 부가가치의 합계이고 매출액은 그야말로 매출의 합계다. 부가가치는 각자가 보탠 것만 합산하는데 매출액은 팔린 모든 금액이 합산되기 때문에 이중, 삼중 계산되기 마련이다.

그래서 누구의 매출액이 국내총생산의 몇 퍼센트라는 식의 언급은 잘못되었다. 정운찬 위원장은 아무 뜻도 없는 숫자를 가지고 혹세무민을 한 셈이다. 재벌 감시자로서 경제계의 양심을 자처하고 있는 경제개혁연대도 이런 우를 범하고 있다.

"30대 재벌 자산의 국내총생산 비중은 2002년 53퍼센트에서 2010년 88퍼센트로 증가하는 등 재벌의 경제력 집중이 심화되고 있다."*

하지만 공정위의 발표로는 2001~2009년 GDP 대비 30대 기업집단의 자산 비율은 57.7퍼센트에서 91.7퍼센트로 34퍼센트포인트 증가했다. 같은 기간 전체 기업의 자산은 GDP 대비 151.2퍼센트에서 205.2퍼센트로 54퍼센트포인트 늘었다고 설명했다. 우리 경제의 자본장비율**이 전반적으로 높아지는 방향으로 나아가고 있기 때문에 생기는 현상이라고 봐야 한다. 건물도 좋아지고 시설도 좋아지고 기계도 좋아지기 때문에 재벌이든 중소기업이든 자산의 비중이 커지는 것

---

* 『중앙일보』에서 재인용.
  http://money.joinsmsn.com/news/article/article.asp?total_id=7854985&ctg=11
** 노동자 1인당 어느 정도 자본설비를 사용하는지 나타내는 지표.

이다. 그런데 30대 재벌만 분리해서 보다 보니 잘못 판단을 한 것이다.

비교를 제대로 하려면 단위가 같아야 한다. GDP를 분모로 하려면 분자는 재벌이 생산한 부가가치여야 한다. 그러나 안타깝게도 기업별 부가가치 생산액 데이터는 이제 더는 나오지 않는다. 분자를 재벌의 매출액으로 하려면 분모 역시 나라 전체의 매출액으로 하고, 분자가 재벌의 자산이면 분모도 나라 전체의 자산이어야 한다.

마침 공정거래위원회가 기업집단에 대해서는 자산과 매출액을 발표해오고 있다. 이 중 30대 기업집단(속칭 재벌)의 자산과 매출액이 우리나라 전체 산업에서 차지하는 비중을 계산해보려 한다. 전체 산업의 자산과 매출은 한국은행이 매년 발표하는 기업경영 분석에 금융보험사를 제외한 수치가 나와 있다. 이 자료 중에서 매출액은 여전히 중복 계산의 여지를 안고 있는 것이 사실이다. 하지만 매출액과 GDP를 비교하는 것보다는 낫기에 그렇게 하기로 한다.

〈표 1〉은 2000년부터 2010년까지 11년간 우리나라 30대 기업집단의 자산과 매출액 합계가 (금융보험사를 제외한) 모든 산업의 자산과 매출액 합계에서 차지하는 비중을 보여준다. 이 표는 우리가 일상에서 언론을 통해 듣는 것과는 정반대의 실상을 보여준다. 재벌로의 경제력 집중이 심화된 것이 아니라 오히려 완화되고 있으니 말이다.

자산을 기준으로 했을 때 30대 그룹의 비중은 2000년에 42.4퍼센트였다가 차츰 줄어들어 2003년에는 37.5퍼센트까지 낮아진다. 그 후 상승과 하락을 반복하지만 2000년보다는 여전히 낮은 수준이며, 2010년에는 40.1퍼센트를 기록했다. 자산으로 본 경제력 집중은 약화

⟨표 1⟩ 30대 기업집단의 경제력 집중 추이

(단위: %)

구분	2000	2001	2002	2003	2004	2005	2006	2007	2008	2009	2010
자산	42.4	38.2	38.8	37.5	38.9	39.6	40.5	41.6	38.7	38.2	40.1
매출	44.1	41.2	39.0	32.7	35.8	35.4	35.8	36.1	34.7	33.3	35.8

주: 집중도는 한국은행 기업경영분석 자산총계와 매출총계를 분모로 하여 산출.
자료: 공정거래위원회, 「대규모 기업집단 정보공개시스템」, 한국은행 기업경영분석, 최원락·황인학, 「경제력 집중 억제정책 강화 논의의 문제점과 정책대안」, KERI-Brief 12-02, 한국경제연구원, 2012년 6월 27일, 3쪽에서 재인용.

된 것이다.

매출액을 기준으로 하더라도 추세는 같다. 2000년 30대 그룹의 비중은 44.1퍼센트였던 것이 차츰 줄어들어 2003년에는 32.7퍼센트까지 낮아진다. 그 후 소폭의 오르내림을 거쳐서 2010년에는 35.8퍼센트가 된다. 매출액도 2000년에 비해서 30대 그룹의 비중이 줄어들었음을 확인하게 해주는 데이터다.

자산과 매출액, 어떤 데이터를 보더라도 최근 들어 경제력 집중이 심화되었다는 증거는 없다. 경제력 집중이 심화되었다는 것을 증명하기 위해 제시되는 숫자는 대부분 비교 대상이 아닌 숫자를 비교하거나 부적절한 표본을 사용한 결과다. 자기가 쓰는 데이터에 어떤 문제가 있는지 모르고 그렇게 하는 사람이라면 이 문제를 논할 자격이 없다. 또 문제를 알고도 쓴다면 대중을 속이는 셈이다.

경제력 집중이 심화되었다는 생각은 착각이다. 무지하거나 혹세무민하는 정치인과 지식인 때문에 한국인은 집단최면에 빠져들었다.

재벌은 양극화를 완화했다

경제력 집중과 양극화

"재벌 때문에 양극화가 심화되었다!"

누구나 믿고 있는 말이다. 그런데 세상 사람 대부분이 믿고 있어도 틀린 것이 있다. 유럽의 중세인들은 대부분 현실에 마녀가 존재한다고 믿었다. 그래서 교회가 여자들을 마녀로 지목해서 화형에 처했을 때 그들이 진정 마녀라고 믿었다. 재벌 때문에 양극화가 심화되었다는 대중의 믿음도 데이터를 가지고 따져보면 마땅한 근거가 없음을 쉽게 확인할 수 있다.

이와 관련하여 우리는 두 가지를 따져보아야 한다. 첫째, 양극화는 심화되었나? 둘째, 심화되었다면 재벌 때문에 더 심화되었나? 이들 각각에 대해서 살펴보자.

양극화는 심화되었다

첫 번째 질문에 대한 답은 '그렇다'이다. 양극화를 나타내는 지수가 여러 가지 있는데 가장 간편한 것은 소득 5분위 배율이다. 가장 잘사는 20퍼센트의 계층이 가장 못사는 20퍼센트의 계층보다 몇 배나 더 많이 버는지를 보는 것이다.

〈그림 1〉은 1990년부터 2010년까지 20년 동안의 소득 5분위 배율 추이를 보여주고 있다. 시장소득은 세금을 내기 이전의 소득을 말하고, 가처분소득은 세금을 내고 난 후의 소득을 말한다. 어느 쪽을 기준으로 하든 양극화 정도는 비슷한 추세를 나타내고 있다. 그래서 시장소득 기준으로 설명하겠다. 1990년부터 1997년까지는 3.7~4에서 비슷한 수준을 유지하고 있다. 그러다가 외환위기 기간인 1998년과 1999년에는 4.78, 4.93으로 급격히 높아진다. 2000년부터는 4.4로 낮아졌다가 다시 차츰 오르기 시작해서 2010년에는 6.02를 기록했다.

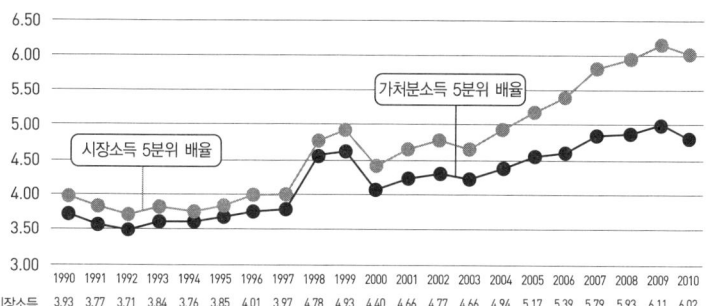

〈그림 1〉 소득 5분위 배율의 추이

자료: 통계청, 보건사회연구원, 「최근의 소득 양극화 추이 분석」, 『보건복지 Issue & Focus』 제100호, 2011에서 재인용.

그런데 소득분위 배율은 최상위와 최하위 계층 간 차이를 측정하는 데는 유용하지만 지나치게 극단적인 값에 좌우될 가능성이 있다. 즉 최하위와 최상위의 값은 변화가 없는데 중간 계층들 사이에 변화가 생겨 소득의 불평등이 발생할 수도 있다. 모든 계층에서의 변화를 더 잘 반영하는 지수가 지니계수다.

〈그림 2〉는 같은 기간의 지니계수 변화를 보여준다. 지니계수도 소득 5분위 배율과 추세는 비슷하게 나타난다. 즉 1998년 이전까지는 비교적 불평등도가 낮은 상태를 유지하고 있다. 외환위기 기간인 1998년과 1999년에 수치가 급격히 높아지지만 2000년에는 하락한다. 그러다가 다시 오르기 시작해서 2008년에 0.320으로 최고 수준에 오른다. 그 후 약간 낮아져서 2010년에는 0.315를 기록한다.

이 두 지수 모두 1998년까지는 낮은 수준을 유지하다가 외환위기 후부터 급격하게 높아지는 양상을 나타내고 있다. 즉 지난 10여 년간

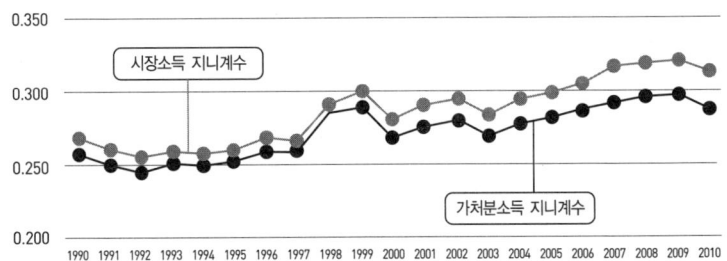

〈그림 2〉 지니계수 추이

자료: 통계청, 보건사회연구원, 「최근의 소득 양극화 추이 분석」, 『보건복지 Issue & Focus』 제100호, 2011에서 재인용.

양극화 현상이 심해졌다는 것은 데이터로 입증된다.

외환위기가 경제력 집중도를 절반으로 낮췄다

다음으로 살펴봐야 할 것은 재벌에게 과연 그 책임이 있는가라는 질문이다. 그렇게 생각하는 사람들은 문어발 확장 등으로 우리나라 경제에서 재벌의 비중이 높아졌음을 기정사실로 받아들인다. 정말 지난 20여 년간 소득불평등도가 높아진 것은 사실이기 때문에 재벌로의 경제력 집중도가 높아졌다면 경제력 집중이 양극화의 원인이라는 믿음에 상당한 개연성을 인정할 수 있다. 그러나 경제력 집중이 심화되지 않았거나 완화되었다면 재벌이 양극화의 원인이라는 진단은 설득력을 잃게 된다. 따라서 경제력 집중의 장기적 추이를 분석해보는 일이 필요해진다.

2000년 이후 30대 기업집단이 우리나라 경제 전체에서 차지하는 비중은 앞서도 살펴본 바 있다. 그러나 경제력 집중과 양극화 사이의 관계를 판단하려면 이 데이터만으로는 부족하다. 양극화 또는 소득불평등도는 1998년을 기점으로 급격한 변화를 보였다. 따라서 재벌로의 경제력 집중에 대한 데이터도 1998년 이전의 것이 필요해진다.

1998년 이전 30대 기업집단의 매출액 데이터로서 내가 구할 수 있었던 것은 두 가지다. 둘다 한국경제연구원에서 만들어졌는데, 하나는 강선민 박사의 「대규모 기업집단의 국민 경제적 비중」[*]에 나오

---

[*] 강선민, 「대규모 기업집단의 국민 경제적 비중」, 이주선 편, 『한국의 대기업정책』(상), 한국경제연구원, 2007, 20쪽.

는 것이고, 또 다른 하나는 황인학 박사가 「재벌의 다각화와 경제력 집중」*에서 계산한 것이다. 강선민의 데이터는 1995년에서 2005년까지를, 황인학의 데이터는 1985년에서 1997년까지를 커버하고 있다. 〈표 2〉의 두 번째와 세 번째 칼럼에 나타난 수치들이다. 양극화와 경제력 집중의 관계를 보려면 가급적 긴 기간의 자료가 필요한데, 이 두 데이터와 공정거래위원회의 데이터를 이어서 쓸 수 있을까?

우리가 따져보아야 할 것은 이 세 수치가 같은 데이터 세트를 사용해서 도출된 것인지를 확인하는 것인데, 안타깝게도 원자료를 확인할 방법은 없다. 차선책으로 택할 수 있는 방법은 공정거래위원회의 데이터와 겹치는 기간에 비슷한 추세를 보이는지를 확인해보는 것이다.

강선민의 데이터는 공정위의 데이터와 6년(2000~2005)이 겹치는데, 2002년(3퍼센트)을 제외하면 나머지 5년 동안은 1퍼센트 이내의 차이만 보인다. 두 수치가 거의 같은 데이터 세트로 계산된 것이라 가정해도 큰 무리는 없을 것 같다. 그래서 2000년 이후부터는 공정위의 데이터를, 1995년부터 1999년까지는 강선민 박사의 데이터를 이어서 쓰기로 한다. 〈표 2〉의 네 번째 칼럼이 강선민 데이터와 공정위의 것을 연결한 새로운 데이터다.

한편 황인학의 데이터와 강선민의 데이터는 1995년부터 1997년까지 3년이 겹치는데, 황인학의 데이터가 10퍼센트 이상 낮은 상태를 유지한다. 완전히 다른 원자료를 사용한 것이라고 봐야 할 것이다. 따

---

* 황인학, 『재벌의 다각화와 경제력 집중』, 한국경제연구원, 1999, 61쪽.

〈표 2〉 30대 기업집단의 매출액 비중 데이터와 지니계수

연도	공정위	강선민	황인학	강선민+공정위	지니계수
1985			48.11		
1986			47.62		
1987			46.88		
1988			46.24		
1989			47.51		
1990			42.3		0.274
1991			42.8		0.264
1992			45.04		0.256
1993			43.11		0.269
1994			43.63		0.263
1995		59.7	47.75	59.7	0.268
1996		58.4	48.38	58.4	0.272
1997		60.4	46.62	60.4	0.268
1998		57.4		57.4	0.295
1999		52.2		52.2	0.303
2000	44.1	43.6		44.1	0.286
2001	41.2	41.6		41.2	0.299
2002	39	36		39	0.298
2003	32.7	33.1		32.7	0.295
2004	35.8	34.9		35.8	0.301
2005	35.4	35.6		35.4	0.304
2006	35.8			35.8	0.313
2007	36.1			36.1	0.324
2008	34.7			34.7	0.325
2009	33.3			33.3	
2010	35.8			35.8	

라서 황인학의 데이터는 공정거래위원회의 데이터와 이어서 사용할 수는 없다고 판단했다. 그러나 3년간 이 두 데이터의 절대적 크기가 다르긴 하지만 안정된 추세를 보이고 있다는 점에서는 같은 특성을 보이고 있다. 따라서 황인학의 데이터도 추세를 확인하는 용도로는 유용하다는 판단을 했다.

이런 과정을 거쳐 만들어진 새로운 데이터를 가지고 지난 20여 년간 경제력 집중의 추이를 정리해보자. 가장 눈에 띄는 것은 1998년의 외환위기를 기점으로 30대 재벌의 매출액 비중이 현격하게 떨어진다는 사실이다. 1995년부터 1997년 이전까지 30대 그룹의 매출액 비중은 58~60퍼센트 수준을 오르내린다. 그러다가 1998년부터 그 비중이 급격히 떨어지기 시작해서 2003년에는 32.7퍼센트까지 낮아진다. 그런데 황인학의 데이터를 보면 1980년대에도 이미 재벌의 경제력 집중이 매우 높은 수준이었던 것으로 추정된다. 황인학의 데이터와 강선민의 데이터가 겹치는 1995~1997년에 강선민의 데이터는 58~60퍼센트를 오르내리는데, 황인학의 데이터는 46~49퍼센트를 오르내린다. 그런데 황인학의 데이터가 시작되는 1985년부터 1989년의 기간도 46~49퍼센트를 오르내린다. 만약 황인학의 데이터가 특별히 왜곡된 것이 아니라면 1980년대 중반의 높은 경제력 집중도는 외환위기 이전까지 지속되었다고 판단해도 크게 무리는 없을 것이다.

정리하면 이렇다. 매출액을 기준으로 했을 때 1990년대 중반부터 (조금 무리해서 확장하면 1980년대 중반부터) 외환위기 이전까지 30대 기업집단의 비중은 60퍼센트 수준에 있다가 외환위기를 기점으로 급격히 떨어져 2003년 32.7퍼센트 수준까지 낮아진다. 그 후 33~36퍼센트 수준에서 안정된 추세를 유지하고 있다.

재벌은 양극화를 줄였다

지금까지 살펴본 데이터는 두 가지 상반된 추세로 정리할 수 있다.

- A. 30대 기업집단의 매출액 비중: 1997년까지 높다가 1998년부터 낮아졌다.
- B. 지니계수(소득 5분위 배율): 1997년까지 낮다가 1998년 이후 급격히 높아졌다.

이런 추세를 〈그림 3〉으로 정리했다. 막대그래프는 30대 그룹의 매출액 비중인데 1997년까지는 높다가 1998년, 1999년 이후 급격히 낮아진다. 반면 꺾은선으로 보이는 지니계수는 1997년까지는 낮은 수준을 유지하다가 1998년 이후 급격히 높아진다.

만약 재벌로의 경제력 집중 때문에 양극화가 초래된다면 재벌의 매출액 비중이 낮아진 1998년을 기점으로 지니계수도 낮아지는 것이 맞다. 그러나 현실은 정반대 방향우로 진행되었다. 1998년부터 재벌로의 집중도는 낮아지는데 지니계수는 급등했다. 이는 재벌 때문에 양극화가 초래된다는 말이 틀렸음을 보여준다. 재벌 때문에 소득 불평등이 완화된다는 말이 오히려 옳을 확률이 높다.

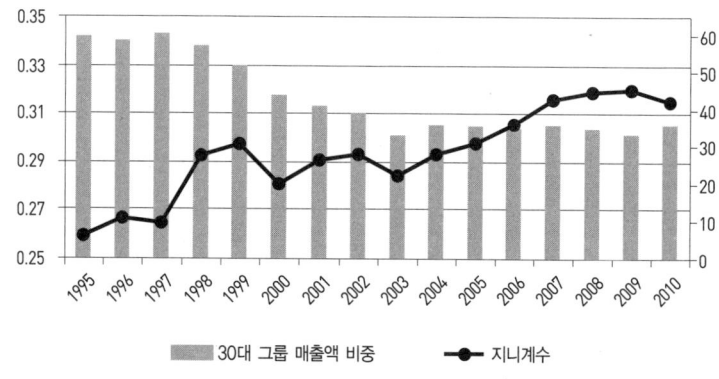

〈그림 3〉 경제력 집중과 소득불평등도의 추이

재벌의 돈이 퍼지는 경로

왜 재벌의 비중은 낮아지는데 소득 불평등은 심해질까. 많은 연구와 논의가 필요한 화두지만, 머릿속에 언뜻 떠오르는 이유를 몇 가지 적어 보겠다.

첫째는 대기업이 중소기업에 높은 이윤 기회를 주기 때문이다. 우리의 일반 상식과 달리 대기업과 하도급관계에 있는 중소기업들이 그렇지 않은 중소기업들보다 수익률이 훨씬 높다. 2011년 경제개혁연구소는 「대기업과 중소기업(하도급기업 및 일반중소기업) 간의 경영격차 분석과 시사점」*이라는 연구 결과를 발표했다.

---

* 위평량, 「대기업과 중소기업(하도급기업 및 일반중소기업) 간의 경영격차 분석과 시사점」, 『경제개혁연구』 2011-26, 경제개혁연구소, 2011년 12월 27일.

여기에는 대기업과 중소기업 사이의 흥미로운 관계가 포함되어 있다. 2000년 이후 10년간 일반 중소기업의 영업이익률은 4.84퍼센트이고 대기업 원사업자의 영업이익률은 6.84퍼센트다. 이것만 보면 재벌이 양극화의 주범인 것처럼 여겨질 수 있다.

그런데 대기업과 하도급관계에 있는 중소기업의 영업이익률은 5.33퍼센트로서 일반 중소기업보다 높다. 순이익률을 기준으로 하면 그런 특성은 더욱 두드러지게 나타난다. 일반 중소기업의 순이익률은 2.4퍼센트인데, 대기업과 하도급관계인 중소기업은 4.65퍼센트로 두 배나 높다. 4.65퍼센트는 대기업 원사업자의 순이익률 4.74퍼센트와도 거의 차이가 없는 수치다. 대기업 때문에 중소기업이 피해를 입는다는 것은 적어도 평균적으로 보면 근거 없는 비난인 셈이다.

대기업의 비중이 높으면 대기업과 협력관계인 중소기업의 비중도 높아질 것이다. 그러면 중소기업의 소득이 늘어서 소득불평등도가 낮아질 수 있다.

둘째는 재벌기업의 종업원을 통해서 불평등도가 낮아졌을 가능성이 있다. 재벌회사 임직원들은 한국의 대표적 중산층이다. 물론 임직원 중에서도 사장단에 속한 일부는 상류층이라고 봐야겠지만, 임직원은 대부분 크게 돈 걱정 없이 살아갈 수 있다는 의미에서 중산층이다. 부모들이 자식이 대기업에 들어가는 것을 그리도 좋아하는 이유도 밥 걱정 안 하고 살 수 있게 되었기 때문이다.

그렇게 생각해보면 재벌은 중산층 제조기다. 30대 재벌만 해도 임직원이 106만 명이다. 그들 각각이 3인 가족을 이룬다고 보면 30대 재

〈표 3〉 세 집단의 수익성 지표 추이

(단위: %)

	매출액 영업이익률			순이익률		
	대기업 원사업자	하도급기업	일반중소기업	대기업 원사업자	하도급기업	일반중소기업
2000	10.06	5.62	4.76	0.37	5.38	3.60
2001	5.10	4.70	5.24	-0.36	3.87	4.01
2002	7.83	5.75	4.92	4.72	5.11	2.63
2003	8.23	5.91	5.63	5.77	5.47	3.70
2004	9.06	6.23	6.03	9.41	6.60	4.72
2005	6.41	5.20	5.68	6.89	5.99	4.05
2006	5.77	5.08	4.73	6.06	5.66	2.97
2007	6.01	5.11	5.08	6.76	4.90	2.67
2008	4.99	5.02	4.33	1.90	1.71	-0.90
2009	5.13	5.05	3.55	4.35	3.00	-0.38
2010	6.65	4.95	3.33	6.31	3.44	-0.71
평균	6.84	5.33	4.84	4.74	4.65	2.40

자료: 위평량, 앞의 글, 21쪽.

벌은 318만 명의 탄탄한 중산층을 배출한 것이다.

재벌의 협력업체 임직원 역시 중산층의 중요한 구성원들일 것이다. 물론 협력업체 직원들의 소득이 '갑'의 위치에 있는 재벌기업의 임직원보다 낮은 것은 사실이다. 그러나 나머지 대다수 중소기업보다는 협력업체 중소기업 임직원들의 처지가 나을 것이 분명하다. 그렇지 않다면 중소기업들이 무엇 때문에 대기업의 납품업체가 되려고 백방으로 줄을 대며 뛰어다니겠는가. 그들 역시 중산층의 중요한 일원이다. 이렇게 보면 재벌 때문에 중산층이 무너지고 양극화가 생긴다는 말은 틀렸다. 오히려 재벌은 중산층 근로자의 원천이라고 봐야 한다.

재벌 때문에 동네상권이 위축되는 것이 중산층의 몰락을 뜻하는 것 아니냐는 반문이 있을 것 같다. 대형할인점이나 온라인 쇼핑은 확대되고 재래시장과 기존의 동네슈퍼들이 줄어든 것은 사실이다. 그러나 그 원인을 재벌 때문으로 봐야 하는지는 의문의 여지가 있다. 맞벌이와 자동차 인구가 늘어나고 장보기를 나들이처럼 즐기고 싶어하는 가족이 늘어난다. 그런 변화에 적응해간 것이 대형할인점이다. 재래시장과 동네슈퍼는 소비자들의 변화된 욕구와 취향을 맞춰주지 못한다. 재벌의 대형할인점 진출을 막으면 외국 마트들이 그 자리를 차지할 것이다. 월마트와 까르푸는 이미 이 땅에서 장사했고, 남쪽 지방에서는 SSM의 빈자리를 트라박스 같은 일본계 점포들이 메워가고 있다.

게다가 대형할인점이 확대되어서 없어지는 일자리보다 생기는 일자리가 더 많다. 다음의 〈표 4〉는 2001년부터 2009년까지 유통형태별 일자리 수의 변화를 보여준다. 이 기간에 재래시장과 동네슈퍼의 일자리는 2만 2,459개가 없어졌지만 대형할인점과 체인화 편의점 등 현대적 유통기업에서는 7만 3,004개의 일자리가 생겼다. 유통 현대화로 더 많은 일자리가 생겨난 것이다. 그리고 그 일자리에 취업한 사람들의 상당수가 중산층을 이루게 될 것이다. 따라서 재벌이 양극화를 심화시킨다는 말은 틀렸다.

재래시장의 점포가 문을 닫는 현상도 나쁘게만 볼 일이 아니다. 미국의 케이토연구소는 세계 최대의 대형마트인 월마트가 주변 상권에 어떤 영향을 주는지에 대한 연구보고서*를 내놓은 적이 있다. 월마트로 인해 기존의 많은 점포가 문을 닫는 것은 사실이지만, 그에 못지

〈표 4〉 업종별 사업체 수, 종사자 수, 매출액

업 종 별	종사자 수(명)		
	2001	2009	증감
체인화 편의점	18,842	59,742	40,900
기타 대형종합소매업 (할인매장)	37,745	69,849	32,104
현대적 유통업 소계	56,587	129,591	73,004
기타 음·식료품 위주 종합소매업(165m² 미만, 구멍가게)	166,527	144,068	-22,459
순증가			50,545

자료: 통계청, 「2009년 기준 서비스업 부문 통계조사 결과」, 2010년 12월 27일, 3쪽 및 통계청, 「2006년 기준 도소매업 및 서비스업 통계조사 결과와 지난 5년간(2001~2006) 서비스 산업의 구조변화·특징」, 2007년 12월 26일, 10쪽의 표를 재구성.

않게 많은 새로운 점포가 새로 문을 연다는 것이 이 논문의 결론이다. 대형마트가 주도하는 유통혁명으로 인해 주변 상권을 현대화하고 있다는 내용이다.

    우리나라도 다르지 않을 것이다. 재래시장의 점포들은 문을 닫지만, 대형할인점으로 또 다른 점포들이 문을 열고 있다. 아주 직접적으로는 대형할인점 내의 먹을거리 장터에서 영업하는 영세음식점들과 쇼핑몰에서 장사하는 독립점포들이 그들이다. 또 SSM 주변의 오래된

---

* Andrea M. Dean and Russell S. Sobel, "Has Wal-Mart Buried Mom-and-Pop? Does small business decline when Wal-Mart enters the market?", *Regulation*, Vol. 31, No. 1, Spring 2008, pp. 38-45.

가게들이 문을 닫는 대신 깨끗한 미용실과 꽃집 같은 것이 새로 생기는 현상도 자주 관찰된다. 대형할인점 등의 현대적 유통산업은 골목상권을 파괴하지 않는다. 낡은 골목상권을 새롭고 현대화된 골목상권으로 바꾸어놓고 있다고 보는 것이 옳다.

재벌, 외국에도 많다

재벌은 한국만의 병리 현상?

재벌을 악한으로 몰게 된 배경에는 한국에만 있는 기형적 존재라는 인식도 크게 작용했다. 순환출자와 문어발처럼 계열사를 주렁주렁 달고 있는 형태 등이 모두 압축 성장 전략 때문에 생겨난 암 덩이로 여겨진다. 다른 선진국에는 이런 것이 없다 하니 재벌이 암 덩이라는 믿음은 확고해진다. 선진국이 되기 위해서라도 재벌은 손을 봐줘야 한다.

예를 들어 신흥 통신사인 뉴시스는 「'재벌개혁, 이상과 현실'-한국경제 특유 시스템, 60년 역사 재벌의 공과功過」라는 분석 칼럼에서 다음과 같이 썼는데, 재벌 현상에 대한 한국인의 인식을 잘 반영하고 있다.

"지분율이 1퍼센트도 안 되는 재벌 총수 일가가 수십 개의 세계적 기업들을 맘대로 좌지우지하는 현상이 문제 (중략) 그 비밀이 순환출자 구조다. 예를 들어 삼성, SK, 현대, 한화 등은 총수와 일가의 지분이 낮은 재벌인데, 순환출자 방식으로 전체 계열사 경영권을 장악하고 있다. (중략) 소유와 지배의 괴리 문제는 기업의 합리적 의사결정을 방해하고 이 때문에 소액주주에게 손해를 끼치며 경제력 집중을 심화시키는 부작용이 있다. 이것이 코리아 에누리의 중요한 요인의 하나로 꼽힌다."*

제목에서부터 재벌은 한국경제에만 있는 특유의 현상이라고 말한다. 분석에서도 순환출자 등 소유와 지배의 괴리 현상을 한국만의 이상 현상으로 보고 있다. 그리고 그것 때문에 코리아 에누리가 나타난다고 했다.

시사코리아라는 인터넷 신문에서도 재벌이 한국만의 특유한 현상이라고 단정 짓고 있다.

"한국경제는 소수 재벌이 좌우 (중략) 이는 시장 원칙에 입각한 자본주의 발달의 결과가 아니라 (중략) 권력과 관료 왕국이 만들어 낸 인위적 산물이라는 특징을 지니고 있다. (중략) 선진 자본주의 사회에서는 유례를 찾아보기 어렵고 (중략) 그렇다 보니 외국에서

---

* 뉴시스아이즈 이슈진단 「'재벌개혁, 이상과 현실' – 한국경제 특유 시스템, 60년 역사 재벌의 功過」, 『뉴시스』 2012년 2월 13일.

는 용어조차 'chaebol'이라는 신조어를 사용할 정도다."*

상위 20대 기업의 비중

정말 이런 것은 한국만의 현상일까? 『포브스』의 기업 데이터는 상위 20대 기업이 그 나라 경제 전체에서 어느 정도의 비중을 차지하는지 보여준다. 〈표 5〉를 보면 2009년의 경우 한국은 50.03퍼센트다. 그 비율이 가장 높은 나라는 스웨덴으로서 79.8퍼센트, 프랑스는 74.39퍼

〈표 5〉 주요국 상위 20대 비금융기업 자산기준 경제력 집중도 추이 비교

구분	국가명	2005	2006	2007	2008	2009
자산 집중도	프랑스	69.26	68.50	76.54	80.87	74.39
	독일	60.75	56.81	65.93	69.17	65.34
	스웨덴	-	-	-	-	79.80
	일본	40.34	38.00	39.03	45.66	40.90
	한국	42.83	45.20	52.24	55.83	50.03
	타이완	25.71	29.94	30.29	32.22	29.68
	영국	50.67	46.32	49.63	54.62	50.76
	미국	26.83	25.09	24.95	23.29	25.13

주: 1. 『포브스』 발표 글로벌 2000기업 중 비금융기업을 각국별로 분류하여 상위 20대 기업의 자산액을 합산한 후 이를 각국 PPP 기준 GDP로 나누어 산출.
2. 스웨덴의 경우 2009년 이전에는 「포브스』 글로벌 2000」에 포함된 기업 수가 20개 미만이라 제외.
자료: 「『포브스』 글로벌 2000』, 한국은행, 최원락·황인학, 「경제력 집중 억제정책 강화 논의의 문제점과 정책대안」, KERI-Brief 12-02, 한국경제연구원, 2012년 6월 27일, 3쪽에서 재인용.

---

* 「권력 눈 밖에 나는 기업 도태되기 쉬운 나라」, 『시사코리아』 2012년 2월 27일자. http://www.sisakorea.kr/sub_read.html?uid=7333

센트, 독일은 65.34퍼센트로 한국보다 높다. 영국은 50.76퍼센트로 한국과 비슷하다. 미국, 타이완, 일본은 한국보다 그 비중이 작다. 20대 기업의 비중을 국제적으로 비교해볼 때 한국은 중간 정도다. 상위 20대 기업이 바로 재벌을 뜻하지는 않지만, 최소한 이것을 통해서 대기업의 비중이 크다는 사실이 한국만의 병리 현상은 아님을 확인할 수 있다.

문어발 구조 없는 미국이 예외다

다각화, 즉 문어발식 구조도 한국만의 특유한 현상이 아니다. 선진국에도 큰 기업 중에는 문어발식의 다각화를 추구하고 그 계열사들이 순환출자로 연결된 경우가 많다. 〈그림 4〉는 스웨덴의 대표적 기업인 발렌베리 그룹의 지배구조를 보여준다. 한눈에 볼 수 있듯이 이 기업은 우리나라의 재벌만큼이나 계열사를 많이 두고 있는데, 그것들이 복잡하게 얽혀 있다.

사실 지배구조를 이 그림 하나로 파악할 수 없는 것은 하부 계열사들이 또다시 복잡한 출자관계로 얽혀 있기 때문이다. 〈그림 5〉는 발렌베리 계열의 중요한 기업인 ABB인데, 다른 계열사들과 복잡하게 얽혀 있다.

이 회사의 지배권은 32.8퍼센트의 의결권을 갖는 인센티브Incentive사가 가지고 있고, 발렌베리 그룹은 인센티브의 의결권 43퍼센트를 보유한 인베스터Investor의 지배를 받는다. 인베스터 의결권의 41.2퍼센트는 발렌베리 가문이 가지고 있다.

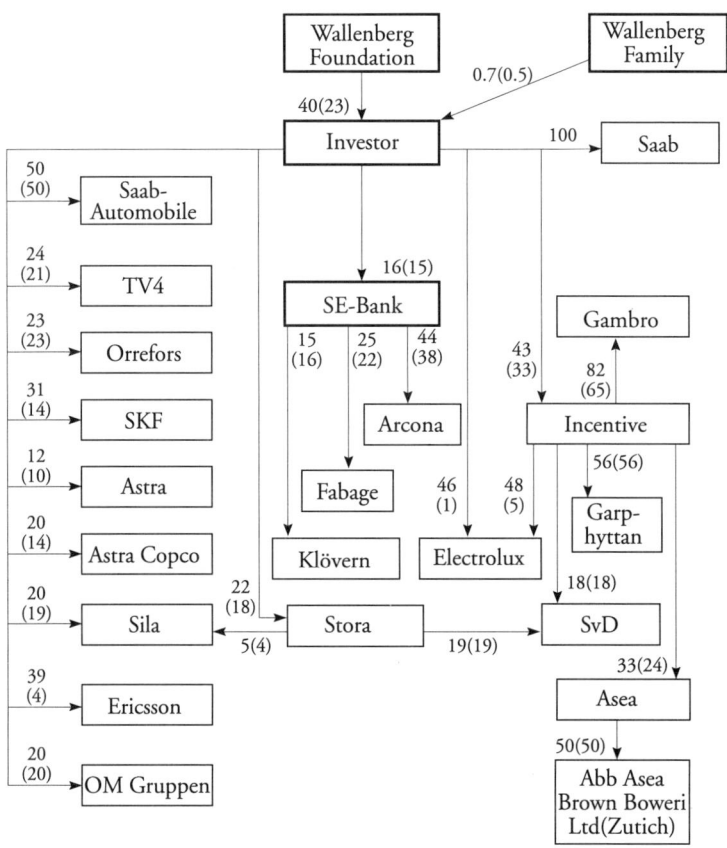

〈그림 4〉 스웨덴 발렌베리 그룹의 지배구조

자료: Peter Högfeldt, *The History and Politics of Corporate Ownership in Sweden*, 2005, p. 72.

한국의 재벌개혁론자들이 더욱 받아들이기 어려운 현실은 차등의결권 제도일 것이다. 우리나라는 1주 1의결권을 기본으로 한다. 의결권이 없는 우선주가 있긴 하지만 나머지 주식은 모두 1주당 1표만 행사할 수 있다. 차등의결권 제도는 의결권을 여러 개 갖는 주식 발행을

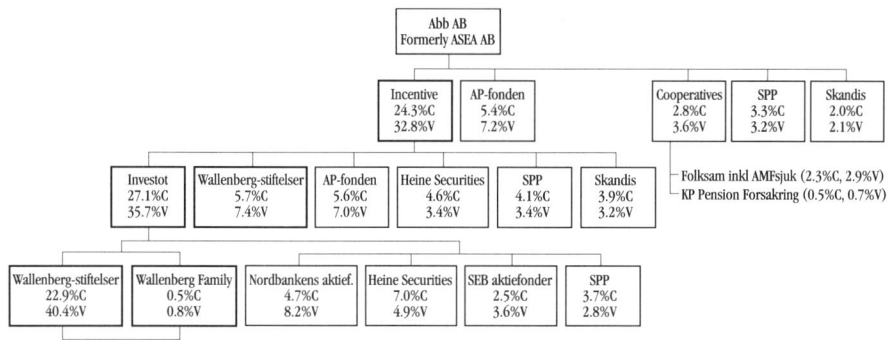

〈그림 5〉 발렌베리 그룹 산하 ABB 그룹의 지배구조

자료: Rafael La Porta, Florencio Lopez-de-Silanes, and Andrei Shleifer, "Corporate Ownership Around The World", *Journal of Finance* 54, No. 4, April 1999, p. 525.

허용하는 것이다. 스웨덴도 미국도 차등의결권 제도를 택하고 있다. 발렌베리 그룹은 발렌베리 가문이 1주당 10의결권 주식을 가지고 있다. 그래서 지배구조에서 발렌베리 가문이 금액으로는 인베스터의 23퍼센트를 소유하지만 의결권은 40퍼센트로 되어 있는 것은 그 때문이다.

한국인이 좋아하는 명품 루이비통은 프랑스의 LVMH라는 대기업 그룹에서 생산된다. 이 기업집단은 지주회사를 기본 형태로 해서 여러 개 계열사를 두고 있다. 그런데 지주회사 형태임에도 디오르Dior와 로버Rober, LVMH, 귀네스Guiness 네 개사는 전형적인 순환출자 구조로 되어 있다. 심지어 귀네스와 LVMH 사이에는 (우리나라에서는 법으로 금지된) 상호출자까지 하고 있다.

복잡한 형태의 피라미드식 기업집단 구조는 스웨덴과 프랑스뿐만

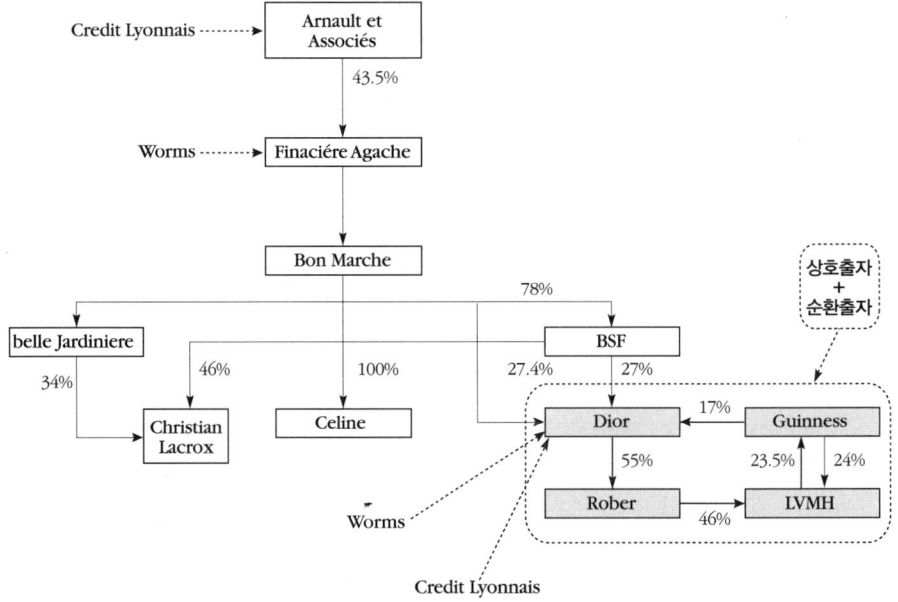

〈그림 6〉 프랑스 LVMH 그룹의 지배구조

자료: Whittington, R&M Mayer, *The European Corporation*, 2000, p. 161, 황인학, 「대규모 기업집단 정책의 쟁점과 과제」, 한국경제연구원, 2012년 5월, 10쪽에서 재인용.

아니라 인도, 캐나다, 남아프리카공화국, 벨기에, 독일, 일본 등 대부분의 나라에서 흔히 찾아볼 수 있다. 오히려 우리가 정상이라고 생각해온 미국과 영국 기업의 지배구조, 즉 전문경영인이 경영하는 기업과 문어발 형태의 조직이 아니라 하나의 업종에 전문화된 기업의 형태가 예외적 현상이다. 이 두 나라를 제외하면 대부분의 나라에서 기업들이 가족 소유형태를 취하거나 어떠한 형태로든 대주주의 통제 하에 있는 경우가 대부분이다. 또 많은 기업이 문어발 형태의 다각화를 추구해서 성공을 거두고 있다.

미국이 특이한 예외다

현실이 그러함에도 미국식 기업형태만을 정상으로 여겨왔다. 그 이유는 이 분야에 관한 선도적 연구가 대부분 미국을 중심으로 이루어져왔기 때문이라고 봐야 한다. 미국기업만 분석 대상으로 하다 보니 미국기업 이외의 기업형태는 기괴한 것으로 비친 것이다. 이론으로 설명되지 않는 것은 틀린 것으로 여기는 인간의 본성도 상당히 작용했을 것이다. 미국과 영국의 전문경영인 체제가 예외적인 현상임이 밝혀진 것은 포르타Rafael La Porta, 로페스 데 사일랜스Florencio Lopez-de-Silanes, 쉴레이퍼Andrei Shleifer 세 학자가 「세계의 기업 소유권Corporate Ownership Around The World」이라는 논문*을 발표하면서부터다. 이 논문에서는 세계 각국 대기업의 소유구조를 분석한 후 복잡하게 얽힌 피라미드 구조가 대부분 기업에서 나타나는 현상이라고 밝혔다. 미국의 전문경영인 체제가 예외임을 실증적으로 밝힌 것이다. 더욱 흥미로운 것은 미국의 예외 현상을 밝힌 이 교수들조차 미국을 기반으로 활동하는 학자들이라는 사실이다. 학문 세계에서 미국의 영향력은 이 정도로 막강하다.

우리나라의 학자들도 어디서 공부를 했건 대부분 미국의 학문을 배웠을 것이다. 그러다 보니 거기에 나오지 않는 자기 나라의 것은 비정상적이고 징그러운 것으로 보게 되었을 것이다.

사실 이런 일은 제2차 세계대전 이후 이미 일본에서 격하게 한 번 경험한 것이다. 맥아더가 점령군으로 진주한 후 전쟁을 일으킨 주범으

---

* Rafael La Porta, Florencio Lopez-de-Silanes, and Andrei Shleifer, "Corporate Ownership Around The World", *Journal of Finance* 54, No. 4, April 1999, pp. 471~516.

로 재벌을 지목한다. 그리고 재벌 해체에 착수한다. 물론 전쟁에 재벌 기업이 상당히 이바지했을 것이다. 그러나 만약 그 기업이 미국과 비슷한 모습을 하고 있었더라면 그것을 해체하려고는 하지 않았을 것이다. 하지만 미국인으로서는 이해하기 어려운 모습이다 보니 괴물로 비춰졌다. 그래서 아예 없애버려야겠다는 결론을 내렸을 것이다. 하지만 그다지 큰 효과를 거두지는 못했다. 재벌은 창업자가 없는 채 다시 살아났고 새로운 재벌들까지도 등장했다. 재벌이라는 형태는 일본인의 사고방식, 행동방식이 만들어낸 자연스러운 결과물이었던 것이다.

재벌도 그런 것으로 생각한다. 한국기업들은 조금만 커지면 계열사를 주렁주렁 만든다. 중견기업들도 그런 면에서 크게 다르지 않다. 미국적 사고 틀에 익숙한 한국의 지식인들에게 문어발 구조는 징그러운 존재로 비쳤을 것이다.

그나마 일본의 재벌 해체는 일본인이 아니라 그것을 이해하지 못한 미국인에 의해 주도되었다고나 하지만 한국의 재벌 해체는 한국인 자신의 입으로 주장되고 있다. 소중화주의와 주자학에 대한 집착 등으로 예전부터 이어져온 한국인의 근본주의는 여전히 건재하고 있는 듯하다.

02

독점은 악인가?

독점의 기준은 제각각

우리는 독점재벌, 독점대기업 등 독점이라는 말을 자주 쓴다. 그렇다면 독점이 무엇일까? 기업의 규모가 크면 독점일까? 아니면 시장점유율이 높으면 독점일까? 일상적인 언어의 용법으로는 그런 것이 독점일 수 있다.

소비자에겐 착하고 경쟁자에겐 독하고

그런 의미라면 안철수연구소도 독점기업이다. 안철수연구소는 국내 컴퓨터 바이러스 백신 시장의 58퍼센트를 점하고 있다. 2010년 독일의 아비라가 한국에 진출하기 전에는 70퍼센트까지 간 적도 있다. 한때 하우리라는 경쟁 관계의 좋은 기업이 있었는데 결국 안철수연구소를 당하지 못하고 망해버렸다. 또 안철수연구소 때문에 당분간은 한국에서 컴퓨터 바이러스 퇴치용 백신 사업으로 성공할 수 있는 젊은 기업가는 없다. 사정이 그렇다 보니 독점이라는 단어의 일반적 용법에 따르면 안철수연구소는 악덕 독점기업인 셈이다.

그런데 이상하지 않은가. 안철수연구소만큼 좋은 일을 많이 한 기업이 어디 있는가. 컴퓨터 바이러스를 퇴치하기 위한 백신을 만들어서 공짜로 보급했다. 그것 때문에 혜택받은 사람이 수도 없이 많다. 그래서 좋은 기업이다. 비록 그것 때문에 하우리가 망했고, 청년 사업가들이 동종 업종에서 창업할 엄두도 내지 못하지만, 그건 워낙 제품이 좋은데다 값까지 공짜이기 때문에 그렇다. 안철수연구소는 경쟁업체의 처지에서 보면 넘을 수 없는 벽이지만 소비자의 관점에서 보면 좋은 기업이다.

소비자의 처지를 가장 우선시하는 학문이 바로 경제학이다. 물론 경제학에서도 독점은 제거해야 할 대상이다. 소비자들이 손해를 입기 때문이다. 경쟁상황과 비교해서 독점일 때는 공급을 줄여서 가격을 올릴 수 있다. 공급이 많고 가격이 낮을 때에 비해 소비자는 당연히 손해를 보게 된다. 그래서 독점이 나쁘다는 것이다. 담합을 처벌하는 이유도 경쟁해야 할 기업들이 서로 짜고 값을 올려 소비자에게 손해를 끼치기 때문이다(값이 오른 만큼 소비가 줄기 때문에 공급도 줄어든다).

우리가 놓치고 있는 것은 규모가 큰 기업이라도 얼마든지 독점이 아니라 경쟁적 행동을 할 수 있다는 것이다. 독점적 행동이 값을 올리고 공급을 줄이는 것인 데 반해 경쟁적 행동은 값을 내리고 공급을 늘리는 행동을 말한다. 여러분이 생각하는 재벌들의 일반적 행태는 무엇인가? 값을 올려서 문제인가, 아니면 값을 내려서 문제인가.

대형할인점은 매우 공격적으로 공급을 확대하고 있고, 가격도 지속해서 낮추고 있다. 이런 것은 매우 경쟁적인 행동이어서 독점이라는 수식어를 붙이기가 민망하다. 그런데 대중은 그런 대형할인점에 족쇄를 채우려고 한다. 그건 바로 공급을 줄이라는 말로 통한다. 그러면 가격은? 당연히 오르거나 더 떨어질 수 있는 것이 더는 떨어지지 않고 머물러 있을 것이다.

사실 한국의 재벌들은 초창기부터 치열하게 경쟁해왔다. 삼성이 전자산업에 진출할 당시를 떠올려보자. 사돈인 금성사의 구인회가 먼저 진출해서 자리를 잡은 전자산업이었다. 이병철은 그 전자산업에 진출했다. 구인회는 독점적 지위를 이용해 높은 가격을 받을 수 있었을 테고, 품질개선이나 신제품 개발에도 여유를 가질 수 있었을 것이다. 그런데 이병철이 전자산업에 뛰어드는 바람에 값은 낮춰야 했고, 품질개선과 신제품 개발의 부담감은 커지게 되었다. 물론 담합 같은 행위가 있었던 것은 사실이고 이는 지금도 화석처럼 가끔씩 나타나고 있는 것이 사실이다. 하지만 전체적인 흐름을 보면 재벌들은 독과점이라는 말이 어울리지 않게 서로 치열하게 경쟁해왔다.

정부가 독점을 조장한다

오히려 정부가 나서서 독과점을 조장한 측면이 강하다. 무엇보다도 큰 요인이 새로운 경쟁자의 진입을 막아줬다는 것이다. 예를 들어 오랫동안 대한항공, 아시아나항공에만 국내선 취항권을 준 것이 그렇다. 그것이 독점행동을 유발했음은 저가항공사를 허용한 이후 해마다 올라가던 두 항공사의 국내선 요금이 상승을 멈췄다는 사실을 보면 확인할 수 있다. 항공산업에서 정부가 규제의 손을 놓으면서 치열한 경쟁구도가 만들어졌다.

수입 제한 역시 독점적 행동을 촉진하는 방향으로 작용했다. 자동차 기업들은 외제차 수입 제한 때문에 국제시장에서는 팔지 못할 차들을 팔아 돈을 벌 수 있었다. 국내 기업끼리는 경쟁했지만 그래도 여전히 국제기준에 못 미치는 것도 만들어 팔 수 있었던 것은 수입규제 덕분이었다.

그러나 이제 시장은 대부분 세계의 기업과 제품들에 열려 있다. 따라서 한국에서는 재벌이니 대기업이니 해도 세계시장에서는 수많은 경쟁자 가운데 하나가 되었다. 삼성전자가 국내에서는 크다고 해도 애플이나 구글 같은 세계적 기업과 경쟁해야 한다. 현대차 역시 BMW와 도요타와 폭스바겐과 경쟁해야 한다. 국제기준에 맞지 않는 것은 국내에서도 발을 붙일 수 없게 되었다.

한때 각 분야에서 세계 최고, 최대의 기업이던 소니와 노키아는 시장경쟁의 역할을 잘 보여준다. 이들이 독점행동을 했는지 안 했는지는 알 수 없다. 이들이 신제품 개발을 게을리하고 가격만 지나치게 높게 받았는지 외부에서 판단하기는 매우 어렵다. 하지만 그 이전에 시장이 판단한다. 이유가 무엇이든 제품이 마음에 안 들거나 경쟁 제품보다 값이 비싸면 소비자는 외면해버리고 만다. 삼성전자나 현대자동차가 지금은 잘나가지만 언제 소니나 노키아 같은 운명이 될지 모른다. 굳이 공정거래위원회나 법원이나 시민단체가 나설 이유가 없다.

안타깝게도 아직 국제경쟁에서 예외인 영역들이 남아 있다. 통신과 은행, 발전 같은 분야가 그렇다. 그런 곳이 바로 독점적인 행태가 남아 있는 영역이다. 나름대로 이유가 있기는 하겠지만, 보호가 지속되는 한 독점행태 역시 지속될 것이다.

이제 한국의 시장은 많은 분야가 열려 있고 열린 시장에서 독점이라는 말은 어울리지 않는다. 그래도 독점이 여전히 신경 쓰인다면 시장을 더 열면 된다.

기업의 규모가 크거나 시장점유율이 높다고 문제시할 이유가 없다. 오히려 규모가 커야 가격도 낮아지고 품질도 좋아지는 경우가 많다. 그래서 독과점을 깬다고 크기를 줄이면 오히려 소비자에게 손해를 안길 수 있다. 중요한 것은 품질개선과 원가절감을 위해 온 힘을 다하고 있느냐다. 또 아이폰을 들고나온 스티브 잡스Steven Jobs처럼 누군가 판을 깰 만한 제품을 들고 나올 수 있느냐다. 그런 것을 정치인이, 학자가, 시민단체가 판단할 수는 없다.

재벌을 3,000개로 쪼개자고?*

2012년 총선 당시 통합진보당은 30대 기업집단을 3,000개의 독립된 전문기업으로 나누자는 공약을 내걸었다. 그 수단은 계열분리 명령제다. 그렇게 해서 독과점을 깨고 경쟁을 촉진하겠다는 것이다.

북한 추종 논란 때문에 경제 이슈가 모두 수면 아래로 가라앉기는 했지만, 대선 정국이 다가오면서 언제든지 다시 등장할 수 있는 사안이다. 특히 경쟁자가 많을수록 경쟁이 치열해진다는 믿음이 깨지지 않는 한, 순환출자 등으로 얽힌 구조를 끊고 독립기업 체제로 이행하자는 제안은 여전히 설득력이 있을 것이다.

재벌을 쪼개면 과연 경쟁이 촉진될까? 결론부터 말하면, 강제적

---

* 이 글은 2012년 4월 30일 내가 기업소송연구회에서 숭실대학교 법학과 전극수 교수의 「계열분리명령청구제도에 대한 법적 검토」에 대해서 토론한 내용을 정리한 것이다.

인 계열분리 명령으로 경쟁자를 늘릴 수는 있지만, 실질적인 경쟁은 해친다. 그 이유를 살피기 위해, 먼저 경쟁과 독점의 의미에 대해서 살펴본 후 경쟁자의 수와 경쟁의 정도가 반드시 비례하는 것이 아님을 논한다. 그리고 실제 계열분리 명령이 집행된 후 나타난 효과가 무엇이었는지를 알아보고, 강제적인 계열분리는 경쟁을 저해하는 수단임을 논한다. 마지막으로 경쟁을 촉진하기 위해서는 규제 완화와 개방이 가장 좋은 수단임을 밝힌다.

경쟁과 독점에 대한 오해

시장경제에서 경쟁이란 공급자들이 소비자들의 선택을 받기 위해 노력하는 과정이다. 기업이 돈을 벌려면 소비자의 선택을 받아야 하는데 소비자는 대개 더 좋은 품질과 더 낮은 가격을 원한다.* 그래서 기업은 경쟁 상대방보다 더 낮은 가격으로 더 좋은 제품을 공급하기 위해 노력하게 된다. 이것이 우리가 일반적으로 경쟁이라고 하는 상태다.

그런데 소비자의 마음에 드는 제품일수록 많이 팔리기 마련이고 그러다 보면 시장점유율은 높아진다. 제품이 정말 좋으면 모든 소비자가 그 제품만 살 것이기 때문에 시장에서 유일한 공급자가 될 수도 있다. 당연히 생산의 규모도 커지고 기업의 규모도 커질 것이다.

여기서 문제가 발생한다. 경쟁에서 승리한 기업일수록 시장점유

---

* 비싸서 팔리는 제품이 있는 것도 사실이다. 그런 제품이라 할지라도 소비자의 선택을 받기 위한 경쟁은 한다.

율이 높아지기 때문에 독점기업으로 몰려서 여러 가지 규제를 받게 되며, 심하면 분할명령까지 받을 수도 있다.

계열분리명령제가 표적으로 삼고 있는 것도 대기업과 대기업집단이다. 미국의 스탠더드 오일, 알코아, AT&T 같은 기업들도 최고의 경쟁력을 가진 기업이었지만 독점으로 낙인찍혀 기업 분할의 길을 걸었다.

여기서 독점과 독점행동에 대해서 생각해볼 필요가 있다. 잠시 오스트리아학파의 입장을 떠나 신고전주의 경제학의 안경을 써보자. 기존 교과서에서 독점을 규제 대상으로 보는 것은 기업의 독점행동 때문이었다. 독점행동이란 가격을 높이기 위해 생산량을 줄이고, 신제품 개발이나 품질향상도 게을리하는 등의 행동을 말한다. 담합을 규제하는 이유도 그것을 통해서 가격을 높이고 생산을 줄이기 때문이다.

독점행동을 그렇게 정의하고 나면, 기업의 규모(또는 시장점유율)와 독점행동을 꼭 인과율로 묶어둘 이유가 없어진다. 장사가 좀 잘된다고 값을 올리고 손님을 푸대접하는 식당도 있지만, 초지일관 변함없는 식당도 있다. 그리고 대개는 초지일관하는 식당이 오랫동안 손님의 사랑을 받는다. 반면 아무리 큰 기업이라도 원가 인하 노력을 게을리하는 등 독점행동을 하면 오래 못 가서 시장을 잃고 문을 닫게 된다. 오랜 기간 그 자리를 유지하거나 발전하는 대기업은 치열하게 경쟁하기 때문이지, 독점행동을 하기 때문이 아니라고 봐야 한다. 기업의 규모가 아무리 커도 치열하게 경쟁적 행동을 할 수 있으며, 반면 기업의 규모가 작고 숫자가 많더라도 독점적 행동을 하는 것이 가능하다.

계열분리 명령 같은 것으로 경쟁의 승리자를 벌한다면 기업의 규모를 줄이고 경쟁자의 수는 늘릴 수 있겠지만, 경쟁을 촉진하기는 어렵다. 오히려 시장점유율을 늘리기 위한 노력을 억제해서, 기업들로 하여금 현상에 머물도록 유도하게 될 것이다. 현상에 만족한 채 가격을 낮추지 않고, 품질개선도 게을리하는 것, 그것이 바로 우리가 걱정하는 독점행동이다.

경쟁자의 수(또는 시장점유율)와 경쟁의 치열함
계열분리 명령이나 기업 분할 정책은 경쟁이라는 행위와 경쟁자의 수 사이의 관계를 오해한 데서 비롯된다. 경쟁자가 많다고 경쟁이 치열해지는 것은 아니다.

불친절이 여전히 문제인 택시업을 생각해보자. 서울 시내에만도 택시 경쟁자가 수만 명 있지만, 친절 경쟁, 요금 인하 경쟁 같은 의미 있는 경쟁은 찾아보기 어렵다.

부산은 친절, 안전 등을 내건 '등대콜'이라는 택시가 생겼는데, 이것 때문에 다른 택시기사들과 택시회사들이 경쟁의 압력을 받게 되었다. 여기서 우리가 주목해야 할 사실은 '등대콜'이 수백 명의 택시기사가 하나의 네트워크로 연결된 조직이라는 사실이다. 따라서 등대콜의 등장 때문에 부산 시내 택시운송 시장에서 경쟁자의 수는 줄어들었다. 하지만 택시 사업자와 택시 운전기사들 사이에 승객에게 봉사하고자 하는 경쟁은 오히려 치열해졌다. 경쟁자의 수와 경쟁의 치열함이 비례할 이유가 없다.

이런 상상도 해본다. 서울에서도 택시업이 서너 개 정도의 대기업으로 구성되고, 각 회사의 택시가 다른 색깔을 사용해서 소비자들이 쉽게 식별할 수 있게 만든다면 소비자의 선택을 받아내기 위한 친절 경쟁은 매우 치열해지지 않을까.

경쟁의 성격이 시장 내에서의 경쟁이 아니라 시장 전체*를 '차지하기' 위한 동태적 경쟁일 경우, 시장점유율과 경쟁에 대한 상식은 더욱 무참히 깨진다.

시장점유율만 놓고 본다면 윈도 공급자인 마이크로소프트MS만한 독점기업이 없을 것이다. 세계의 거의 모든 개인용 PC에 윈도가 깔렸으니 말이다. 그러나 행위를 기준으로 보면 MS는 독점행동을 한 적이 거의 없다. 끼워팔기 소송 과정에서 윈도 가격이 독점 가격인지 아니면 경쟁적 가격인지에 대한 논쟁이 있었다. 독점 가격인지 아닌지를 판정하기 위해 MS가 독점력을 충분히 활용할 때 윈도 가격을 얼마까지 받을 수 있을 것인지에 대한 추정이 이루어졌다. MS 측 경제학자인 슈말린지Schmalense는 960달러, 정부 측 경제학자인 피셔Franklin Fisher는 265달러로 추정했다.** 그러나 당시 실제의 윈도 OEM 가격은 그 두 가격보다 훨씬 낮은 65달러였다. MS는 PC 운영체제 시장에서 거의 유일한 공급자였지만, 독점행동을 하지 않은 것이다. 게다가 익스플로러, 윈도 미디어 플레이어 등 독립적으로 팔면 상당한 값을 받을

---

* 네트워크 효과가 강한 산업에서 이런 일들이 자주 생긴다.
** 김정호, 『누가 소비자를 가두는가: IT 산업에서의 경쟁과 독점』, 교보문고, 2007, 83쪽.

수 있는 소프트웨어들을 대부분 윈도에 끼워서 무료로 제공했는데, 이는 매우 치열한 경쟁적 행동이다.

MS가 그렇게 한 이유는 잠재적 경쟁자들을 두려워했기 때문이다. 그리고 실제로도 과거에는 경쟁 상대로 여기지도 않았던 구글과 애플 같은 기업들이 MS의 시장을 가져가버렸다. 또 삼성의 안드로이드폰, 애플의 아이폰 같은 스마트폰이 등장하면서 PC의 위상이 추락했고, 그와 더불어 MS의 위상도 추락을 면하지 못하고 있다. 소니, 노키아 같은 세계적 시장점유자들도 어느새 거의 모든 시장을 잃을 지경이 되었다. 겉모습만 보면 MS, 구글, 애플, 삼성 같은 기업들은 독점자로 보이지만, 실질적으로는 과거 어느 때보다 치열한 경쟁에 노출된 것이 이들의 진정한 모습이다.

기업의 수만을 기준으로 독점 여부를 판단하여 계열분리를 한다면 경쟁은 오히려 줄어들 것이다. 경쟁력 있는 기업에 족쇄를 채운만큼 경쟁력이 덜한 기업의 제품이 더 팔릴 것이고, 그것은 소비자들이 품질은 열악하고 가격은 높은 제품을 선택하게 됨을 뜻한다.

기업 분할의 실제 효과

미국에서는 실제 스탠더드 오일과 알코아 같은 최고의 경쟁력이 있는 기업들에 대해 분할명령이 내려진 적이 있다. 그 이후의 상황이 어떻게 되었을까?

스탠더드 오일과 알코아 분할 사건의 경우, 소송 전에 급락을 계속하던 제품 가격이 기업 분할 이후에는 더 하락하지 않고 한동안 이

전 수준을 유지했다고 한다. 이는 해당 시장에서 경쟁이 줄어들었음을 말해준다. 정부가 오히려 기업들 간의 묵시적 담합 상황을 조성해준 것이라고 봐도 지나친 말이 아니다.

AT&T의 경우, 분할 이후 통신요금이 낮아진 것이 사실이지만, 시기적으로 통신시장에서의 규제 완화와 겹쳐서 기업 분할의 효과라고 보기는 어렵다.* 결과적으로 기업 분할을 통해 경쟁자의 수가 늘어나기는 했지만, 경쟁이 치열해진 것은 아니다. 즉 더 좋은 제품을 더 낮은 가격에 공급하려는 성과보수는 오히려 떨어졌다고 봐야 한다.

한국도 2011년 이후 대기업에 쏟아지는 비난 때문에 MRO(기업용 소모품 및 산업용 자재)나 제과점 사업 등을 매각하는 대기업집단이 늘고 있는데, 이것이 계열분리 명령과 거의 비슷한 모습일 것이다. 과연 이 대기업집단에서 계열사가 분리된 이후 해당 산업의 기업들이 원가 절감과 신제품 개발에 더욱 노력하는 등 경쟁적 행동을 강화할지 두고 볼 일이지만, 가능성이 높아 보이지는 않는다.

경쟁 촉진인가, 경쟁 억제인가

한편으로는 경쟁 촉진을 이야기하면서 다른 한편으로는 대기업의 골목상권 진출로부터 중소상인을 보호하기 위해 이 제도가 필요하다고

---

* AT&T의 웨버 J.H. Weber는 다음과 같이 말했다. "그 후에 나타난 통신의 발전은 대부분 기술 발전 때문이지 분할 때문이 아니었다. 분할된 계열사들은 많은 실패와 손실을 경험했고 지금도 그렇다"("The Bell System Divestiture: Background, Implementation, and Outcome", *Federal Communications Law Journal*, pp. 21~30).

말하는 계열분리 명령제 주장자들의 논지는 앞뒤가 정면으로 충돌한다. 중소상인들이 대기업의 골목 진출을 두려워하는 것은 가격이나 품질에서 그들에게 경쟁이 되지 않기 때문이다. 즉 재벌의 서비스업 진출로 감당할 수 없을 정도로 경쟁이 치열해진 것이다. 계열분리의 위협 등을 통해 대기업을 철수시키거나 진출을 사전에 막으면 경쟁은 줄어들기 마련이고, 그 덕분에 중소상인이 살아남을 수 있게 된다. 여기서 대기업의 골목상권 진출 억제가 좋은지 나쁜지를 떠나, 그런 목적의 계열분리 제도가 최소한 경쟁 촉진 정책으로 시행될 수는 없다.

경쟁 촉진을 원한다면

자유로운 시장 경쟁은 게을러지고 싶은 인간의 부정적 본성을 억제해서, 각자가 가진 잠재력을 발휘하게 하는 자극제가 될 수 있다. 그것을 통해서 사회는 활기에 넘치고 풍요로워질 수 있다. 그러나 계열분리제나 기업분할제는 경쟁을 촉진하기 위한 대안이 될 수 없다. 이 제도가 경쟁력 강한 자에게 주어지는 벌칙으로 운영되는 한, 오히려 경쟁은 억제될 것이다. 기업은 적당한 수준에서 경쟁을 멈추고, 현상에 안주하는 독점적 행동의 유혹을 받게 될 것이다.

기업의 독점적 행동이 염려된다면 계열분리 명령 같은 강압적인 제도가 아니라 직접 경쟁을 촉진하는 것이 옳다. 국내에서는 진입 제한의 완화나 폐지가 가장 좋은 방법이다. 항공업의 경우 저가항공사 출현이 가능하도록 항공사 설립 요건을 완화한 것이 대표적이다. 대외적으로는 개방을 확대해서 국내의 소비자들이 외국의 경쟁력 있는 제품을 자유롭게 선택할 수 있게 해줘야 한다. 계열분리명령제는 경쟁 촉진이라는 명분을 내걸고 경쟁의 승리자를 처벌하려는 경쟁 억제정책이다.

참여연대도 하는 문어발 확장

재벌 비난의 단골 메뉴 가운데 하나가 문어발 확장이다. 왜 쓸데없이 이것저것 다 집적거리느냐는 것이다. 문어발은 왜 생겨날까? 정주영과 조중훈, 이병철이 문어발 확장을 하는 과정부터 생각해보자.

빠른 경제성장과 기업가라는 희귀 자원

정주영의 조선 산업 이야기

1972년의 어느 날, 박정희는 정주영을 청와대로 부른다. 50만 톤급의 대형 조선소를 만들라는 것이다. 좀처럼 안된다는 말을 안 하는 정주영이었지만 이것만은 머리를 내저었다. 50만 톤급 조선소를 만든다는 것은 말도 안 되는 일이었다. 당시 한국이 만들 수 있는 배는 1만 톤급이 최고였다. 그나마도 그걸 만드는 대한조선공사는 적자투성이였다.

기술도 없고 자본도 없었다. 사실 그런 배를 제대로 본 적도 없었다. 그런데 그렇게 어마어마한 조선소를 어떻게 만든다는 말인가.

하지만 박정희는 그런 조선소를 꼭 만들어내야만 했다. 그것이 성공해야 기계·철강·전기·전자·해운 등 연관된 선진 중공업을 발전시킬 수 있었다. 조선소를 성공하면 박정희가 꿈꾸는 중화학공업 입국도 이루어낼 수 있었다.

하지만 객관적으로는 불가능한 일이었다. 그래서 정주영을 부른 것이다. 정주영은 경부고속도로를 만들어낸 인물 아닌가. 그 짧은 기간 안에 경부고속도로를 만들어내는 것 역시 불가능한 일이었다. 그런 정주영이라면 조선소도 만들어낼 수 있다고 확신했다. 그런데 그마저도 안 된다고 버텼다. 박정희는 더욱 밀어붙였다. 권유가 아니라 협박 수준이었다. 결국 정주영은 받아들여야만 했다. 그리고 우여곡절을 겪으며 울산조선소를 만들어냈다. 우리가 익히 들어 알고 있는 500원짜리 지폐의 거북선 이야기도 그 과정의 일부다.

그런데 그것은 바로 현대가 조선이라는 거대한 문어발을 갖게 되는 원인이기도 했다. 자동차 수리와 건설로 시작한 현대가 조선을 통해 중화학공업이라는 거대한 문어발의 길로 들어서게 된 것이다. 대통령이 나서서 기업에 문어발을 달라고 강권하다시피한 경우는 또 있다.

조중훈의 대한항공 떠맡기

1968년 여름 어느 날, 조중훈은 월남에서 엄청난 돈을 벌어온다. 총알이 쏟아지는 월남의 전쟁터에서 목숨을 내걸고 미군의 군수물자 수송을 맡아서 엄청난 달러를 벌어들인 것이다. 당시 한국 정부의 외화보유액보다 많은 금액이었다. 그런 조중훈을 박정희가 불러들였다. 적자투성이의 국영항공사인 대한항공을 인수하라는 것이었다. 박정희는 제대로 된 국적항공사가 꼭 필요하다고 생각했다. 하지만 그 일을 맡길 사람이 마땅치 않았다. 국영인 대한항공은 적자만 쌓여가고 있었다. 박정희가 보기에 그 일은 조중훈이 적격이었다.

사실 조중훈은 이미 고위 공무원을 통해 대한항공 인수를 제안받은 상태였다. 조중훈도 새로운 사업을 찾는 중이긴 했지만, 항공업은 아니었다. 오히려 해운 쪽에 관심이 많았다. 한진의 중역들도 모두 적자 항공사 인수에 반대했다. 그러나 지금 자기 앞에서 부탁하는 사람은 절대권력자인 대통령 아닌가. 조중훈은 결국 대통령의 제안을 받아들이게 되고, 육상운송 업체이던 한진은 대한항공이라는 문어발을 가지게 되었다.

김우중의 대우중공업 만들기

세계경영으로 유명한 김우중의 문어발 확장도 부실기업을 인수하면서 시작되었다. 김우중과 대우실업의 성공은 섬유수출에서 비롯되었다. 그러나 김우중은 거기에 만족하지 않고 중공업으로 도약을 꿈꾸었다. 마침 한국기계라는 산업은행 소유의 부실기업이 있었는데, 김우중은 정부를 설득해서 그 기업을 인수했다. 또 다른 부실기업이던 쌍용자동차도 그가 인수해서 대우자동차로 만들어냈다. 정부로서도 김우중이 망해버린 기업들을 다시 살려낼 수 있을 것이라는 확신이 있기 때문에 대우에 맡긴 것이다.

당시 기업가는 희귀한 존재였다. 기업을 하는 사람은 있었지만 제대로 하는 사람은 찾기가 쉽지 않았다. 은행 돈이나 부모 재산으로 사업을 시작하는 사람은 많았지만, 기업을 키우지 못하고 털어먹기 일쑤였다. 모험을 즐기며, 실패를 딛고 일어나 다시 시작하는 진정한 기업가는 찾기 어려웠다. 그래서 기존 사업에 성공해서 기업가적 자질을 입증한 사람들에게 다른 더 큰 사업을 소유하고 운영할 기회를 주었다. 그것이 문어발이 늘어나는 중요한 과정의 하나였다.

끼리끼리 하면 더 잘한다
SK그룹의 모태는 선경직물, 즉 섬유기업이다. 한때 스마트 학생복을 만들고 장학퀴즈라는 텔레비전 프로그램으로 유명해졌다. 그런 선경이 1980년 자기보다 덩치가 더 큰 정유 공기업 유공을 인수했다. 그렇게 된 까닭은 1970년대 초 중동 국가들의 한국에 대한 석유금수조치를 풀어낸 능력을 인정받았기 때문이다. 당시로서는 안정되게 석유공급을 확보하는 일이 석유 비즈니스에서 가장 큰 일이었다.

최종현 회장은 '석유에서 섬유까지'를 기업경영의 목표로 세워놓고 있었는데, 이는 수직계열화를 뜻했다. 그리고 드디어 정유기업인 유공을 인수하게 된 것이다.

울산콤플렉스는 꾸준히 확장되어 정유사업 외에 석유 기반의 각종 응용화학사업까지 영역을 넓히게 된다. 1991년 6월, 유공 울산콤

플렉스에 폴리에틸렌PE 공장, 파라자일렌PX 공장 등 새 공장이 아홉 개가 들어서며 '석유개발−원유정제−화학제품 생산'으로 이어지는, '석유에서 섬유까지' 수직계열화가 드디어 완성됐다. 이 과정에서 SK는 에너지, 석유화학과 관련된 문어발을 많이 두게 되었다.

수직계열화 또는 일괄생산체제는 SK뿐만 아니라 한국의 대부분 기업이 좋아하는 경영전략이다. 삼성은 휴대전화, 텔레비전 등의 최종 제품만 만드는 것이 아니라 반도체와 LCD 등 디스플레인 패널과 반도체 제조장비 등 관련된 여러 가지를 만든다. 현대자동차그룹은 현대기아자동차를 통해서 완성차만 만드는 것이 아니라 현대모비스를 통해 온갖 부품을 만들고, 현대제철소를 통해 아예 철강까지 생산한다.

전통적인 재벌들만 그런다면 그냥 못된 탐욕이라고 치부해버릴 텐데, 웬만한 중견기업들도 수직계열화된 곳이 많다. 예를 들어 KD

〈표 6〉 상위 3개 그룹의 주요 수직계열화 구조

집단명	주요 수직계열화 구조					
삼성 (전자제품)	삼성코닝정밀소재 (56.4%)	평판유리 1.3조 (41.5%)	에스엘시디 (56.2%)	TFT-LCD 6.4조 (100%)		삼성전자
현대차 (자동차)	현대아이에이치엘 (87.6%)	조명장치 0.2조 (79.4%)	현대모비스 (48.9%)	자동차용부품 6.5조(97.7%)		현대차, 기아차
SK (휘발유 등)	SK해운 (30.0%)	원유수송 0.5조 (91.6%)	SK이노베이션 (18.4%)	휘발유, 경유 6.1조(75.9%)		SK네트웍스

* 공정거래위원회 대기업집단 내부거래현황(2011년 10월 18일).

운송그룹이라는 곳이 있다. 버스 운송회사인 대원여객을 모태로 1972년에 설립된 기업이다. 매출액이 7,370억 원(2009년 기준)에 이를 정도이니, 수많은 버스 노선을 운영하고 있으리라는 것을 쉽게 짐작할 수 있다. 그런데 흥미로운 것은 이 회사가 시내버스, 시외버스, 관광버스업뿐만 아니라 김치공장, 음식점업, 의류업 등 운송과 관련 없어 보이는 다양한 계열회사를 보유하고 있다는 것이다.*

KD 운송그룹의 비운송 계열기업 또는 사업부 현황

KD 김치공장: 경기고속이 천대 영업소 부근에 세운 김치공장으로 KD 운송그룹 임직원의 식사를 해결하기 위해 운영한다.

KD 푸드피아: KD 운송그룹 임직원의 맛있고 건강한 식생활을 책임지며, 콩나물, 빵 등 각종 식품을 생산 공급한다.

KD 어패럴: KD 운송그룹 소속 직원들의 근무복 제작공장

KD 인쇄사업부: KD 운송그룹을 위한 전문 인쇄업체(노선도, 행선판 인쇄 전문)

KD 정비공장(KD 오토텍): KD 운송그룹 소속의 대우버스, 직영 버스/그룹 내 차량 정비공장

KD 에너지텍: KD 운송그룹을 위한 연료(유류, CNG 천연가스) 보급 담당업체

KD 폐차장: KD 운송그룹 차량을 위한 폐차장

---

* KD 운송그룹의 개요에 대해서는 다음의 설명 참조.
http://ko.wikipedia.org/wiki/KD%EC%9A%B4%EC%86%A1%EA%B7%B8%EB%A3%B9

버스회사가 무엇 때문에 김치와 콩나물을 직접 만들까. 시장에서 사다 먹거나 외부 업체에 위탁해서 해결하면 될 텐데 말이다. 그 이유는 그렇게 하는 것이 더 믿을 수 있고, 마음에 드는 것을 쓸 수 있고, 값도 싸기 때문일 것이다. 즉 외부의 다른 기업에 맡기는 것보다 낫기 때문이다. 그래서 유니폼도, 인쇄물도, 정비공장도, 폐차장도 모두 직접 해결하게 된 것이다.

한국의 기업들이 크든 작든 수직계열화를 추진하는 이유가 거의 윤곽을 드러냈다. 결론부터 말하면 그렇게 해야 경쟁력이 생기기 때문이다. 치열하게 경쟁하는 기업 세계에서 경쟁력 없는 것, 즉 좋은 제품을 낮은 원가에 만들어낼 수 없다면 시간이 지나면서 도태되어버릴 수밖에 없다. 그렇다면 어떤 이점이 있을까? 아마도 가장 큰 것은 계열사에서 부품이나 서비스를 조달하면 모르는 기업에서 조달하는 것보다 품질은 좋고, 원가는 낮출 수 있다는 점일 것이다. 예를 들어 삼성전자가 텔레비전을 만들기 위해 LCD 패널을 LG LCD에서 사오는 것보다 삼성 계열사인 에스엘시디에서 사오는 것이 더 싸고 믿을 수 있다는 말이다.

만약 외부에서 조달하는 것이 계열사에서 조달하는 것보다 낫다면 굳이 문어발을 주렁주렁 달고 있을 이유가 없다. 필요한 중간재는 외부에서 조달하고 자기는 최종제품 생산에만 주력하면 더 많은 이윤을 노릴 수 있을 것이고, 문어발을 거느리지 않고도 기업의 규모를 키울 수 있을 것이다. 하지만 한국의 시장상황이 그렇지 못했던 것이다.

그러면 왜 문어발 계열사들끼리의 거래가 독립기업들끼리의 거래보다 더 좋은 조건으로 이루어질까? 경제학의 용어를 빌리면 신뢰 부족, 높은 거래비용 등으로 설명할 수 있을 것 같다. 우리는 뭔가 통할 만한 것이 있어야 속내를 터놓는다. 그렇지 않은 상대에게는 바가지를 씌우거나 눈가림을 하거나 품질과 원가절감에 온 힘을 다하지 않는 등 기회주의적 행동을 할 가능성이 높아진다. 그런 상황에서 가장 믿을 만한 상대는 같은 배를 탄 계열사이기 마련이다. 그래서 문어발을 가지지 않은 대기업을 찾기 어렵다고 봐야 한다.

머무르면 죽는다

1968년 장기간의 칩거를 끝낸 삼성의 이병철 회장은 전자산업 진출을 선언한다. 당시 삼성은 이른바 삼백산업이라고 불리는 제당, 제분, 제지 기업을 만들어 이미 성공을 거둔 상태였다. 그러나 거기서 멈출 수 없었다. 전혀 가보지 않은 전자산업으로의 진출을 감행한 것이다. 그 이후 삼성은 조선, 화학, 반도체, 자동차 등 끊임없이 새로운 분야로의 진출을 감행한다. 그중에는 자동차, 시계 같은 실패작도 있었지만 여러 분야에서 성공을 거둔다. 그런 과정을 거쳐 삼성은 많은 분야에서 세계 최첨단을 유지하게 되었다. 지금도 삼성은 헬스케어, 태양전지 등 새로운 분야로의 진출을 모색하고 있다.

끊임없이 새로운 분야로의 진출을 감행하는 것은 삼성만이 아니다. 1990년대 중반 최종현 회장이 한국경제연구원 원장직을 겸하고 있었는데, 나를 포함한 연구원들을 한 달에 한 번씩 을지로의 선경 회장 집무실로 불러서 대여섯 시간씩 이야기를 나누곤 했다. 대부분 한국경제 전반에 관한 이야기였지만, 기업 경영에 관한 것도 있었다. 회사와 관련하여 최 회장의 가장 큰 관심 사항은 10년 후 뭘 먹고살 것인가 하는 문제였다. 그래서 직물로 시작한 선경은 정유와 석유화학으로 진출하고, 또다시 이동통신이라는 문어발을 가지게 되었다.

그런데 한 가지 의문은 남는다. 새로운 업종으로 진출하는 것은 좋은데 왜 기존의 문어발을 버리지 못하는 것일까? 제너럴일렉트릭GE은 끊임없이 새로운 업종에 진출하면서 세계 최고가 아닌 업종은 과감하게 처분하는 것으로 유명하다. 한국 재벌 중에도 포목으로 출발해 맥주로 변신했다가 최근에 발전 및 중장비 기업으로 변신한 두산은 그 과정에서 과거의 업종을 과감히 처분해버렸다. 하지만 나머지 재벌은

〈표 7〉 시대별 주요 업종 및 부상기업

	1955~1970	1970~1987	1988~1997	1998~현재
부상업종	삼백산업 목재, 시멘트	종합상사 건설, 철강 정유	전자(반도체) 자동차	전자 통신서비스 금융, 자동차
대표 부상기업	금성방적 대한방적 삼양사 제일제당 동명목재	삼상물산 대우실업 현대건설 유공 호남정유	삼성전자 LG전자 현대자동차 기아자동차	삼성전자 LG전자 포스코 삼성생명 SK텔레콤 현대자동차
쇠락기업	태창방적 동림산업 중앙산업	삼호무역 동명목재 울산실업 제세 명성	국제 한일 진로	대우 한보 나산

자료: 김종년 외, 「한국 기업 성장 50년의 재조명」, 삼성경제연구소, 2005, 16쪽.

대부분 새로운 문어발을 붙이기는 하지만 기존의 문어발을 잘라내지는 않았다. 이 부분에 대해서도 최종현 회장에게 물은 적이 있는데 이런 답이 돌아왔다.

"회사를 하나 처분하는 것이 얼마나 어려운 일인 줄 아나? 그 직원들은 어떻게 하나?"

사실 재벌들이 오래된 계열사를 끌어안고 있는 이유를 잘 모르겠다. 매각하는 일이 너무 어려워서인지 아니면 시너지 효과가 있기 때문인지 말이다. 어쨌든 기업들은 새로운 분야로의 진출을 감행하고, 기존 기업은 처분하지 못하다 보니 자연스럽게 문어발이 늘어나게 된다.

참여연대도 문어발 조직이다

사실 문어발식 구조는 재벌만의 특성이 아니다. 재벌을 비판하는 조직들도 내부를 자세히 들여다보면 문어발식 구조로 되어 있음을 알 수 있다. 〈그림 7〉은 참여연대의 내부구조다. 매우 다양한 활동이 이루어지고 있음을 알 수 있다. 특히 활동기구라고 분류된 조직들은 각각 별도의 NGO로 활동하더라도 손색이 없는 활동력을 가지고 있다. 그럼에도 참여연대라는 하나의 조직 안에 이런 것들이 모두 포함된 이유는 그렇게 해야 비용이 절약되고 협조 효과도 극대화할 수 있기 때문일 것이다. 각각의 활동을 별도 조직으로 만들어 따로따로 활동하는 것보다 참여연대라는 하나의 브랜드 아래 모여서 활동하는 것이 여러모로 낫기 때문일 것이다.

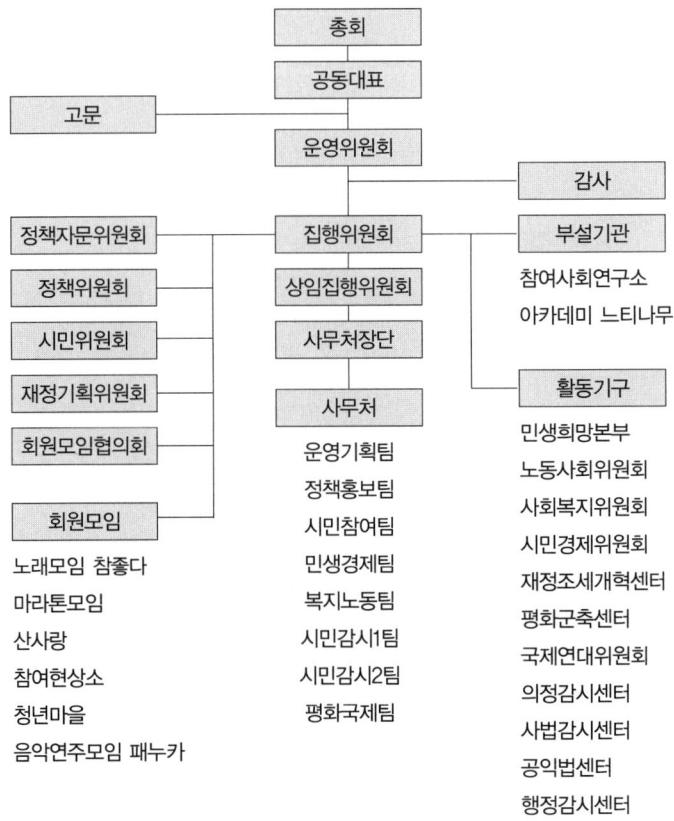

〈그림 7〉 참여연대의 조직구조

한 우물 기업의 부진

오래전부터 한국인에게 가장 존경받는 기업은 유한양행이다. 유한양행은 1926년에 설립된 후 정직하게 한 우물만 팠다. 외도가 있었다면 유한킴벌리가 거의 유일하다. 한 우물을 판 것은 좋은데 안타까운 것은 크지를 못했다는 것이다. 2011년 매출액은 6,700억 원이다. 1938

년 설립 이후 공격적으로 다각화를 추구한 삼성과 비교하면 너무 차이가 난다. 삼성전자만 해도 매출액이 164조 원으로 유한양행의 250배에 달한다.

한독약품, 에이스침대, 오뚜기 등이 대표적으로 한 우물만 판 기업들이다. 이런 기업들은 경영이 안정되어 있기 때문에 좀처럼 적자를 보는 일이 없다. 그러나 여러 분야에 다각화한 기업들보다 성장률이 현저히 떨어진다. 그만큼 일자리 창출 효과도 작고 국민소득에 대한 기여도도 낮다고 봐야 한다.

모든 문어발이 성공한 것은 아니다
그렇다고 해서 다각화를 하면 모두 잘된다고 말하는 것은 아니다. 다각화로 시너지 효과를 낼 수 있는 것은 사실이지만, 그것은 잘될 때나 가능한 일이다. 낯선 분야로의 진출이 만만할 리가 있겠는가. 돈도 많이 들어가고, 모르는 분야이니만큼 예상처럼 수요가 뒷받침되지 않을 수도 있다. 그래서 다각화를 추진한 많은 기업이 망했다.

일제강점기에 조선 최고의 부자로 이름을 날린 화신백화점의 박흥식은 1994년 집 한 채 남기지 못하고 쓸쓸하게 세상을 떠났다. 무리한 다각화 때문이었다. 반민족행위자로 처벌까지 받았지만, 자신의 기반이던 화신백화점은 유지할 수 있었다. 하지만 새로이 치고 나오는 신세계, 롯데백화점 등에 밀리게 된다. 박흥식은 흥안섬유를 세워 제조업으로 다각화를 시도했지만 실패하고 말았다. 소니와 합작하여 화신-소니를 설립했지만, 그것 역시 돈만 날리고 말았다.

내의로 성공을 거둔 쌍방울그룹은 무주리조트를 건설하며 레저산업에 진출하려다 부도를 내고 말았다. 소주로 탄탄대로를 달리던 진로는 1987년 종합유통업 진출을 꾀해서 계열사를 24개나 거느리게 됐지만, 수익을 내지 못하고 부실의 늪에 빠지게 되었다. 2003년 그룹의 핵심인 (주)진로마저 상장 폐지되었다가 2005년에 하이트에 인수되는 처지가 되었다.

이처럼 새로운 분야로 진출해서 문어발을 늘리는 것은 위험한 일이다. 그럼에도 성공한 기업은 안정성 있는 사업구조를 갖추게 된다.

문어발의 두 가지 모습, 사업부와 계열사

GE는 엄청난 문어발을 가진 기업이다. 냉장고, 항공기 엔진, 의료기기, 은행, 수자원 관리, 에너지, 철도, 방송 등 안 하는 것이 없다고 봐도 좋을 기업이다. 한국 같으면 계열사가 족히 100개는 넘을 것 같은데, GE는 계열사가 없다. GE는 문어발을 한 회사 내의 사업부 방식으로 운영하기 때문이다.

한국 재벌 중에도 사업부 방식으로 문어발을 운영하는 사례가 없는 것은 아니다. 삼성물산의 건설사업부는 이름마저 삼성건설이라고 할 정도로 실질적으로는 거의 완전히 독립된 회사인데도, 별도의 법인격은 없이 삼성물산의 사업부로 되어 있다. (주)효성은 효성 T&C, 효성물산, 효성생활산업, 효성중공업의 네 개 사업부로 구성되어 있다.

안철수연구소 역시 계열사 방식보다는 사업부 방식을 선호하는 듯하다. 2001년 3월 안철수연구소는 보안 컨설팅 및 관제솔루션 업체

한시큐어를 시가총액 150억 원에 전격 인수했다. 이 M&A로 기존의 안티바이러스 전문업체에서 보안 컨설팅, 통합관제 솔루션 분야로 사업범위를 확장했다. 이를 통해 안철수연구소는 그 해 11월 정보보호 컨설팅전문업체로 선정될 수 있었다. 그러나 바로 그다음 해인 2002년 3월 한시큐어를 자회사인 코코넛과 합병시켜버렸다. 그리고 2007년 12월 코코넛은 다시 안철수연구소(현재 안랩)에 합병된다. 인수한 기업들을 사내로 흡수한 결과 안철수연구소의 계열사는 사내벤처로 출발해 분사한 (주)노리타운스튜디오 하나뿐이다.

그러나 규모가 어느 정도 큰 한국의 기업들은 사업부를 두기보다 계열사의 형태로 떼어내기를 좋아한다. 그래서 사업부 방식보다 더 눈에 잘 띄고 문어발 논란도 더욱 심해진다.

그 이유는 두 가지로 생각해볼 수 있다. 첫째는 한국인의 평등의식이다. 한국인은 차별대우에 매우 민감하게 반응한다. 더구나 같은 조직 내에서의 차별이라면 더욱 견디기 어려워한다. 그런데 새로운 사업을 추진하는 사람들에 대한 대우가 이미 자리 잡힌 사업의 종사자와 같을 수가 없다. 두 일을 하는 사람들을 같은 조직에 수용하기가 쉽지 않다는 것이다. 당연히 새로운 사업은 별도의 법인을 세우고 사람도 따로 뽑아서 하는 것이 더 나은 대안이 된다.

둘째는 같은 사업이라도 사업부로 둘 때보다 자기자본이 훨씬 덜 든다는 것이다. 사업부는 필요한 자본은 모두 자기가 조달해야 한다. 외부에서 차입할 수도 있겠지만, 그것 역시 모두 자기 명의로 해야 한다. 그러나 별도의 법인을 설립할 때는 일부 자본만 자기가 대고, 나머지는 외부에서 조달할 수 있다. 그렇다고 해서 어떤 사업이든 외부 조달에 성공하는 것은 아니지만, 최소한 가능성은 열려 있다. 그래서 자본이 부족한 한국 상황에서 계열사 방식이 일반화되었던 것이 아닐까.

문어발은 누구에게 손해인가

사람들은 문어발이라는 말을 들으면 누군가가 마치 그것에 마구 잡혀 먹히는 듯한 느낌이 드나보다. 그러니 문어발을 그리도 싫어하지 않을까. 문어를 무서워하는 서양인들이라면 충분히 이해할 수 있는 일이지만, 문어숙회, 낙지볶음을 그리도 좋아하는 한국인이 그런다는 건 잘 어울리지 않는다. 기업이 커지는 것이 좋은 일이라면 문어발도 바람직한 현상이다.

자유사회의 기본 원리는 남에게 피해를 주지 않는 한 자유라는 것이다. 문어발이 누구에게 피해를 주는가? 문어발 계열사를 만든 사람은 분명 이익이다. 거기에 취직한 노동자들도 이익이다. 그 문어발 계열사에 출자하는 외부의 투자자들도 이익이다. 거기에 납품하는 기업들도 이익이다. 유일하게 손해를 보는 사람(또는 기업)은 그 계열사와 경쟁 관계에 놓인 기업이다. 그런데 그 경쟁을 통해서 더 좋은 제품이 더 저렴한 가격에 공급되는 것 아닌가. 그래서 세상이 더 좋아지는 것 아닌가. 경쟁을 막는 것은 담합을 조장하는 것과 다를 바 없다.

여기서 중소기업 문제가 다시 등장한다. 중소기업이 하는 업종에 진출하면 안 된다는 것이다. 이 말은 중소기업을 경쟁에서 보호하자는 것인데, 이 문제는 중소기업 고유업종 이야기를 하면서 다루겠다. 중소기업이라고 보호해줘야 할 이유가 없지만, 시장이 개방된 상황에서 보호한다고 보호가 되는 것도 아니라는 것이 결론이다.

그래도 중소기업의 업종 보호가 필요하다면 계열사와 무관하게 그런 업종에 진출하는 것만 막으면 된다. 중소기업 적합 업종 같은 제도를 유지하면서 동시에 계열사에 대한 출자를 포괄적으로 막는 것은 지나치다. 빈대 잡으려고 초가삼간 태우는 격이다. 중소기업과 경쟁 관계에 놓인 분야는 계열사를 통한 대기업의 업무 다각화 영역 중 일부분에 불과하기 때문이다.

대기업이 계열사를 만드는 것은 노동자를 위해서도, 투자자를 위해서도, 소비자를 위해서도 유익한 일이다.

일감 몰아주기 다시보기

박원순은 우리나라 좌파 인사 중 존경받는 사람의 하나다. 그런 그가 일감 몰아주기를 했다고 해서 문제가 된 적이 있다. 박원순 씨가 아름다운 가게의 상임이사일 때 부인인 강난희 씨가 운영하는 '피앤피디자인'에 실내장식 공사를 맡겨서 특혜를 줬다는 것이다. 그러나 박원순 씨 측에서는 오히려 아름다운 가게의 공사비가 박하기 때문에 누구도 맡으려 하지 않아서 부인 회사에 맡겼다고 했다.

나는 박원순 씨가 거짓말을 했을 거라고 생각지 않는다. 물론 가능성으로만 따지자면 부당한 이익을 주었을 수도 있다. 공사 내용에 비해 지나치게 높은 대가를 지급했더라도 제3자가 그것을 쉽게 판별해낼 수 없을 것이다. 하지만 정반대의 가능성도 있다. 부인에게 맡겼기 때문에 공사 내용보다 훨씬 싼 가격에 했을 가능성 말이다. 비용도 비용이지만, 아름다운 가게의 취지와 가게의 특성을 누구보다도 잘 이해하고 있을 테니 같은 비용으로도 훨씬 효과적인 인테리어를 설치할 수 있었을 터다. 그러나 다른 누군가가 의심하기 시작하면 변명하기도 쉽지 않은 것이 바로 일감 몰아주기다.

몰아주기라는 표현이 뭔가 음모가 있는 것처럼 들리게 하지만, 사실 잘 아는 기업에 일감을 주는 것은 자연스러운 일이다. 삼성전자가 같은 삼성계열의 에스엘시디에서 액정화면을 사다 쓰는 것이 뭐가 이상한가. 정유회사인 SK이노베이션이 중동에서 기름을 실어올 때 같은 SK 계열사인 SK해운의 배를 활용하는 것 또한 자연스러운 일이다. 원래 그런 일을 하려고 계열사를 두는 것 아닌가.

재벌기업만 그러는 것이 아니다. 철도공기업 코레일의 열차 안에서 물건 파는 일은 모두 같은 계열인 코레일유통이 맡고 있다. 대학 캠퍼스에서 커피를 파는 일은 그 학교 내의 생활협동조합이 거의 도맡아 하는데 그것 역시 일감 몰아주기다.

기업들의 단골 경영전략인 수직계열화는 따지고 보면 일감 몰아주기를 하기 위한 것이다. 앞에서도 살펴봤듯이 KD 운송그룹이 옷 공장과 폐차장, 심지어 김치공장까지 운영하는 이유는 그룹 내에서 사용할 옷과 김치를 모두 계열사에서 조달하기 위함이다. 그것이 모두 일감 몰아주기다. 그런데 그게 왜 문제인가.

일감 몰아주기를 비난하는 사람들은 그것을 통해서 특수관계인에게 부당한 이익을 줄 수 있다고 지적한다. 맞는 말이다. 물건을 납품받을 때마다 공개경쟁입찰을 하지 않는 한, 시가보다 높은 값을 지급해서 이익을 줄 가능성이 있는 것이 사실이다.

예를 들어 현대자동차가 부품을 납품받으면서 정몽구 회장의 지분율이 높은 현대모비스에 부품가격을 시장가격보다 높게 쳐줄 가능성도 있다. 그렇게 된다면 현대자동차라는 회사의 재산을 정몽구 회장 개인에게 부당하게 빼돌리는 셈이 된다. 학자들은 이런 일을 터널링 tunneling이라고 한다. 몰래 땅굴(터널)을 파고 물건을 빼돌리는 느낌이 든다고 해서 붙인 이름이다. 그런데 터널링은 가능성일 뿐이다. 계열사끼리의 거래에서 터널링은 일어날 수도 있고 안 일어날 수도 있다. 터널링이 일어날 가능성 때문에 모든 계열사끼리의 거래를 범죄처럼 바라보는 것은 좋지 않은 습관이다.

터널링을 하는 기업이라면 대주주인 오너의 재산이 그룹 전체의 재산보다 빠른 속도로 늘어날 것이기 때문에 오너의 지분율이 지속해서 높아져야 한다. 지분율이 너무 낮아서 개인 돈으로는 신사업에 투자조차 할 수 없는 한국의 오너들에게는 그리 어울리지 않는 의심이다.

무엇보다도 터널링이 일반화된 기업이라면 치열한 세계시장 경쟁에서 버텨내기가 쉽지 않을 것이다. 회사 돈을 빼돌리느라 제품의 원가는 높아질 것이고, 품질 경쟁력은 제자리걸음을 할 것이기 때문이다.

게다가 한국의 공정거래법은 그처럼 특혜를 주는 계열사끼리의 거래를 부당내부거래라 하여 과징금을 부과하게 되어 있다. 이런 장치들이 있는데 나쁜 일이 일어날 가능성이 있다 하여 모든 일을 범죄처럼 취급하는 것은 그리 현명하지 못하다.

사실 악용 가능성을 의심하기로 따지면 주식회사 제도 자체부터 금지해야 한다. 자유시장경제의 아버지로 불리는 애덤 스미스조차도

『국부론』에서 주식회사의 위험성을 다음과 같이 경고했다.

"주식회사는 고용된 이사들이 경영하는데, 그들은 게으르고 낭비적이다…… 합명회사에서라면 결코 그들의 재산을 걸고 위험한 사업을 벌이지 않을 많은 사람이 주식회사에서는 모험사업가가 되려고 한다. (중략) 주식회사 이사들은 자기 자신의 돈이 아닌 다른 사람들의 돈 관리자이기 때문에 (중략) 자기 돈을 감독하는 만큼의 주의력으로 남의 돈을 감독하기를 도저히 기대할 수 없다."

유한책임이라는 특성 때문에 주식회사에 그런 위험이 있는 것은 사실이다. 그러나 그 특성 때문에 더 많은 사람이 안심하고 투자를 할 수 있게 되었고, 태만과 낭비와 지나친 모험을 제어하는 시장경쟁이 등장해서 그런 문제를 상당 부분 해결했다. 그 결과 주식회사는 이제 기업의 가장 일반적인 형태가 되었다.

계열사끼리의 거래도 같은 시각에서 바라볼 필요가 있다. 터널링에 악용될 가능성이 있다고 하지만 그룹 전체의 이익에 이바지할 수 있는 더 큰 가능성도 있는 것이 일감 몰아주기다.

03
순환출자, 가공자본에 관한 오해와 진실

가공자본이란 무엇인가

재벌의 순환출자에 대한 비난이 거세다. 그것을 통해서 가공자본이 창출된다는 것이 중요한 이유 가운데 하나다.

그런데 가공자본은 순환출자에서만 생기는 것이 아니다. 가공자본은 같은 돈이 둘 이상의 기업에 자본금으로 중복 계상되는 현상을 말한다. 여기서 '가공'이라는 수식어가 매우 나쁜 뭔가를 하는 듯한 인상을 주지만, 사실 그런 의미의 가공자본이라면 해롭게 볼 이유가 하등 없다. 주식회사가 다른 주식회사에 투자할 때는 항상 발생하는 현상이기 때문이다.

심지어 착한 기업의 상징인 안철수연구소에도 가공자본이 존재한다. 안철수연구소가 자본금을 출자해서 계열기업을 만들었기 때문이다. 안철수연구소는 2010년 10월 4일, 사내벤처이던 고슴도치플러스를 (주)노리타운스튜디오로 독립시킨다. 안철수연구소가 22억 5,000

만 원을 투자했으며 안철수 원장이 이사회 의장으로 취임했다.

여기서 계열사가 생기는 이유를 짐작해볼 수 있다. 고슴도치플러스는 사내의 사업부였다. 그러다 보니 회계도 잘 분리되지 않고, 기존의 보안 업무를 하는 사람들과 이질적인 일을 하다 보니 불편도 했을 것이다. 그래서 사업부가 아니라 별도의 계열사로 분리하게 되었을 것이다. 문어발은 그렇게 해서 생겨난다.

계열사가 생기는 이 과정은 가공자본이 어떻게 생기는지를 보여주기도 한다. 안철수연구소가 (주)노리타운스튜디오에 투자한 22억 5,000만 원이 바로 가공자본이다. 안연구소가 투자한 22억 5,000만 원은 (주)노리타운스튜디오의 자본금이 되었기 때문이다. 그것이 바로 가공자본이다(만약 지분투자를 하지 않고 빌려주었다면 그 돈이 자본금으로 변하지 않기 때문에 가공자본은 생기지 않는다). 늘어난 자본금에 가공자본의 딱지를 붙여야 하는 이유는 계열사에 22억 5,000만 원어치의 자본금이 늘어난다고 해서 투자해준 안철수연구소의 자본금이 줄어들지는 않기 때문이다. 안철수연구소는 원래 자본금으로 투자한 금액을 자신의 자본금으로도 잡아두고, 또 (주)노리타운스튜디오의 자본금으로도 삼았으니 2중 자본금을 만든 셈이다. 그런 자본에 굳이 이름을 붙인다면 가공자본이지만, 그게 왜 문제인가. 그렇게 투자를 해서 수익을 낸다면 투자한 돈은 값을 한 것이고, 안철수연구소에도, (주)노리타운스튜디오의 직원들에게도 좋은 일이다.

주식회사가 다른 주식회사에 출자하면 그 형태가 순환출자든 아니든 항상 가공자본은 발생한다. 〈표 8〉은 순환출자가 있는 대기업집

〈표 8〉 2011년 기업집단별 가공자본 비율

(2011년 3월 말 현재)

	기업집단명	가공자본 비율	계열회사 수
지주회사 여부	지주회사 그룹	41.9	42.9
	지주회사가 아닌 그룹	35.4	29.1
순환출자 여부	순환출자 그룹	37.7	36.7
	순환출자가 아닌 그룹	37.6	32.7
	전체 평균	37.6	33.8

주: 롯데그룹은 일본 계열사와 출자관계가 없어 정확한 지표 작성이 어려워 제외.
자료: 지배주주의 소유지분 및 계열사 출자행렬은 공정거래위원회의 2011년 4월 기준 발표 자료 이용. 전경련 분석 자료에서 재인용.

단과 순환출자가 없는 대기업집단별로 가공자본 비율이 어떤지를 보여준다. 순환출자가 있는 기업집단의 가공자본 비율은 37.7퍼센트인데, 순환출자가 없는 기업집단도 거의 같은 37.6퍼센트이다.

가공자본은 정부가 장려하는 지주회사 체제를 갖춘 기업집단에서도 예외 없이 나타나고 있다. 지주회사 형태 기업집단의 가공자본 비율은 41.9퍼센트이지만, 지주회사가 아닌 기업집단은 오히려 그보다 낮은 35.9퍼센트다. 순환출자가 있든 없든, 지주회사든 아니든 가공자본은 발생한다.

심지어 순환출자와 아무 관계없는 한전 같은 공기업도 43퍼센트의 가공자본을 가지고 있다. 이는 민간기업집단 평균인 37.6퍼센트보다 훨씬 큰 비율임에 유의하라.

이처럼 가공자본이란 하등 이상할 게 없는 것이다. 이것은 마치

은행이 예금자에게서 받은 예금을 가지고 몇 배의 대출금을 만들어내는 것과 비슷한 이치다. 은행이 나쁜 짓을 하는 것인가? 전혀 아니다. 마찬가지로 한 회사의 자본금 감축 없이 다른 회사의 자본금이 늘어난다고 해서 가공자본이라며 호들갑을 떨어야 할 이유가 없다.

1999년 가공자본이 생기는 것을 이유로 순환출자를 규제하려던 김대중 대통령도 가공자본이 순환출자 때문에 생기는 것이 아님을 깨닫고는 순환출자 규제에서 출자총액제한으로 방향을 선회한 적이 있다. 물론 출자총액제한도 문제가 많은 제도이긴 하지만 최소한 가공자본이 순환출자 때문에 생기는 것은 아님은 확실하게 깨달은 것이다.

그런데 13년이 지난 지금, 가공자본이라는 유령이 또다시 우리 사회를 떠돌고 있다. 순환출자를 끊어내겠다면서……

순환출자란 무엇인가

순환출자는 세 개 이상의 기업이 차례로 다른 기업에 출자해서 주식을 보유하고 있는 상태를 말한다. 〈그림 8〉은 순환출자의 고리를 가지고 있는 대기업집단의 사례를 보여준다. 예를 들어 윗줄 왼쪽에서 두 번째의 현대자동차그룹은 현대자동차가 기아자동차에 출자했고, 기아자동차는 현대모비스에 출자했으며, 현대모비스는 현대자동차에 다시 출자해서 순환의 고리가 만들어져 있음을 볼 수 있다.

정치인들과 좌파 지식인들이 순환출자의 고리를 끊겠다며 기세등등하게 나섰다. 참여연대에서 분파한 경제개혁연대 같은 곳에서는 벌써 10여 년 전부터 줄기차게 순환출자 금지 운동에 '펌프질'을 해오고 있다. 민주통합당은 지난 총선 때부터 신규 순환출자를 금지하는 것은 물론, 이미 형성되어 있는 순환출자의 고리도 끊어내겠다고 공약했다. 새누리당은 새로 생기는 것만 막겠다고 하더니, 당내 최대 계파

〈그림 8〉 주요 대기업집단의 순환출자 고리 사례

자료: 『한국경제신문』, 2012년 8월 5일자.

라는 경제민주화실천모임에서는 기존의 순환출자분에 대해서 의결권 행사를 제한하겠다는 내용의 법안을 내놓는 데까지 나갔다. 재벌 때리기에 있어서만큼은 서로 강경함을 뽐내고 있으니 어디까지 더 나아갈지 지금으로서는 알 수 없다.

    이렇듯 난리를 치니까 뭔가 나쁜 짓인가보다 하고 짐작하지만 대다수 국민은 순환출자가 왜 나쁜지, 심지어 그것이 무엇인지조차 알지 못한다. 사실 이런 사태가 아니라면 알 필요조차 없다. 그런데 사태가 여기까지 왔으니 이제는 국민도 이해해야만 한다. 그래야 국회의원들이 내놓는 순환출자 금지 법안을 판단할 수 있을 테니 말이다.

    순환출자의 구체적 모습부터 살펴보자. 비교적 단순하게 이해할 수 있는 기업집단이 현대자동차다. 〈그림 9〉는 현대자동차그룹의 지분 소유구조다. 정몽구 회장은 현대차의 5.17퍼센트, 현대모비스의 6.96퍼센트, 현대제철의 12.52퍼센트 지분을 소유하고 있다. 그리고

현대차그룹의 순환출자

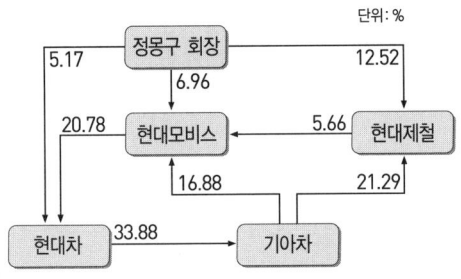

〈그림 9〉 현대자동차그룹의 출자구조

자료: 2012년 1분기 사업보고서 기준.

현대차그룹에는 현대차 → 기아차 → 현대모비스 → 기아차로 이어지는 순환고리와 현대차 → 기아차 → 현대제철 → 현대모비스 → 현대차로 이어지는 순환고리, 즉 두 개의 순환고리가 있다.

이것이 과연 문제일까? 우리가 흔히 듣는 이유는 크게 보면 세 가지다. 첫째, 가공자본이 형성된다는 것, 둘째, 그것을 통해 문어발이 확장되어 중소기업이 어려워진다는 것, 셋째, 1퍼센트로 99퍼센트를 지배한다는 것이다. 이런 문제의식이 타당한 것인지부터 확인해보자.

첫째는 가공자본 문제다. 가공자본을 문제 삼는 것 자체가 문제라는 점에 대해서는 앞에서 설명했지만, 여기부터 읽는 분들을 위해 다시 한 번 설명하겠다.

가공자본은 실제의 가용자원이 늘어나지는 않는데 장부상의 자본금만 늘어나는 현상을 말한다. 예를 들어 내가 1억 원을 투자해서 기업 A를 설립했다. 이때 A의 자본금은 1억 원이 된다. 다시 기업 A가 그 1억 원을 투자해서 자회사 B를 설립했다고 하자. B의 자본금도 1억 원이 된다. 이러한 상황에서 A, B 모두를 생각해보면 투자된 돈은 1억 원에 불과하다. 그러나 자본금은 2억 원이 되었다. 그러니까 쓸 돈도 없으면서 장부상으로만 존재하는 A의 자본금은 가공의 숫자, 즉 가공자본이 되는 것이다.

하지만 이것은 이상한 현상이 아니다. 가공자본은 주식회사가 주식회사에 투자하면 반드시 생기게 되어 있다. 안철수연구소가 (주)노리타운스튜디오라는 계열사에 투자한 바로 그 돈이 가공자본이 된다는 사실을 기억할 것이다. 순환출자도 여러 개의 주식회사가 서로 출자하는 과정에서 생기는 것이기 때문에 필연적으로 가공자본을 만들어낸다. 그러나 순환출자 때문에 가공자본이 생기는 것은 아니다. 순환출자의 고리를 끊는다고 해도 가공자본은 여전히 존재한다. 그래서 순환출자의 고리가 없는 기업집단에도 가공자본이 존재하는 것이다.

둘째, 순환출자 때문에 중소기업이 어려워진다는 건 사실인가. 결론부터 말하면 침소봉대의 성격이 강하다. 순환출자 비판론자들이 염두에 두는 것은 이른바 재벌 빵집이나 대형할인점 같은 것들인데, (그것이 사실이라면) 빵집이나 떡볶이 집 등은 재벌의 주력이 아닐뿐더러 순환출자와도 무관하다. 빵집은 SPC그룹(파리바게뜨의 본사) 같은 대형 프랜차이즈가 문제되는데, 프랜차이즈와 순환출자는 아무 관계가 없다. 대형할인점 역시 그렇다. 대형할인점의 동네 진출이 좋은지 나쁜지를 떠나 그것을 위해 신세계그룹이나 롯데그룹이 순환출자를 해야 할 이유가 없다.

순환출자의 가장 큰 기능은 큰돈을 들이지 않고도 외부투자자에게서 돈을 모아 기업을 시작할 수 있게 하는 것이다. 그렇다면 그것은 오히려 중소기업과 근로자들에게 좋은 일이다. 더 많은 투자는 협력업체에는 더 많은 납품의 기회를, 근로자들에게는 더 많은 일자리를 뜻하기 때문이다. 순환출자는 중소기업과의 마찰을 걱정해야 할 이슈가 아니다.

셋째, 1퍼센트로 99퍼센트를 지배한다는 문제의식은 타당한 것인가. 대기업집단의 오너들이 적은 지분으로 경영권을 행사하는 것은 상당 부분 사실이다. 앞서 예로 든 현대자동차그룹만 해도 정몽구 회장은 현대차의 5.17퍼센트, 현대모비스의 6.96퍼센트, 현대제철의 12.52퍼센트 지분을 소유하고 있다. 1퍼센트는 아니지만, 평균적으로 10퍼센트가 안 되는 지분으로 그룹 전체를 지배하는 것이다.

〈표 9〉는 공정거래위원회가 발표한 63개 상호출자제한기업집단(쉽게 말해서 큰 재벌) 중 총수가 있는 43개 기업집단의 내부지분율을 보여준다. 이 표에서 볼 수 있듯이 총수일가의 지분율은 4.17퍼센트

〈표 9〉 2012년 대기업집단 주식소유 현황과 소유지분도에 대한 정보공개

구분		총수일가			계열회사	기타	합계
		총수	친족	소계			
전체	2011년(38개, %)	2.23	2.24	4.47	47.36	2.37	54.20
	2012년(43개, %)	2.13	2.05	4.17	49.55	2.38	56.11
	증감(%)	△0.10	△0.19	△0.30	2.19	0.01	1.91

자료: 공정거래위원회.

인데 계열사를 통해서 실질적으로 행사할 수 있는 지분율은 56.11퍼센트에 이른다. 그러니까 정확히 말하면 4.17퍼센트를 가지고 100퍼센트를 지배하는 셈이다.

그러면 이런 현상은 악한 것인가? 결론부터 말하면 전혀 나쁜 일이 아니다. 아주 단순하게 생각해보자. 1퍼센트의 지분을 가지고 100퍼센트를 지배한다는 말은 회사 전체를 경영한다는 말이다. 우리가 간과하고 있는 것은 그렇게 해서 나온 이익의 처분 비율이다. 100퍼센트를 경영했다고 해서 거기서 나온 이익을 오너가 다 가져갈까? 전혀 아니다. 오너의 개인 지분이 1퍼센트라면 회사의 이익 중에서 오너가 배당받을 수 있는 비율은 바로 그 1퍼센트일 뿐이다. 나머지 99퍼센트는 오너 이외의 주주들에게 배당된다. 사실 경영권이란 것은 누가 차지하든 100퍼센트를 경영하게 되어 있다. 전문경영인이라도 마찬가지로 100퍼센트의 경영권을 행사한다.

물론 오너의 지분율이 낮을수록 도덕적 해이가 나타날 가능성이 있는 것은 사실이다. 하지만 그와 동시에 오너의 낮은 지분율은 공격적이고 적극적인 투자의 결과물이기도 하다.

기아자동차의 성공으로 본 순환출자의 진실

현대차가 기아차를 인수해서 성공하는 과정은 순환출자의 기능과 의미를 분명하게 보여준다. 현대차그룹의 순환출자 고리는 부도난 기아자동차를 인수하는 과정에서 생겨난다. 1997년 7월 15일 기아자동차는 채권단과 부도유예협약을 맺었다. 사실상의 부도였다. 1998년 회사 정리절차를 마치고 국제시장에서 인수대상자를 찾았지만, 누구도 나서지 않았다. 그때가 바로 정몽구 회장이 막 현대차의 오너가 된 시점이었다. 자의 반 타의 반으로 정몽구 회장과 현대자동차는 국제입찰을 통해 기아차 주식의 33.88퍼센트를 인수하게 되었다. 그리고 그 인수 자금을 기존의 여러 계열사에서 조달하다 보니 지금과 같은 복잡한 순환출자 구조가 만들어졌다.

여기서 왜 정몽구 회장의 개인 돈으로 인수하지 않고, 현대자동차, 현대모비스 등 계열사의 돈으로 기아차를 인수했느냐는 질문이 자연스럽게 나올 수 있다. 답은 돈이 없기 때문이다. 다른 재벌오너들이 그렇듯이 정몽구 회장의 재산도 대부분 자기 회사인 현대차의 주식이다. 그걸 팔아서 기아차 주식을 인수하면 기존 현대차에 대한 지배권은 포기해야 한다. 사정이 그렇기 때문에 정몽구 개인이 아니라 그가 지배하는 기업인 현대차가 기아차 주식 인수 자금의 상당 부분을 충당한 것이다. 그런데 현대차만의 돈으로도 모자라니 여러 군데서 출자를 받게 되었고, 그런 과정을 거쳐 순환출자 구조가 만들어졌다.

그 이후 기아차는 현대차와 더불어 세계적 자동차 기업으로 올라서는 데 성공했다. 그 과정에서 누가 이익을 보고 누가 손해를 보았는가. 말할 필요도 없이 오너인 정몽구 회장은 분명 이익을 봤다. 그러나 금전적으로는 생각보다 큰 이익은 아니다. 기아차의 이익이 늘어서 현대차의 주가가 오르고 배당의 이익이 있더라도 그 모든 것의 5.17퍼센트만이 정몽구 회장의 것이 되기 때문이다. 즉 지배권이 늘어난 것과 기업의 이익을 챙겨가는 것은 별개의 문제다. 이익의 배당은 지분만큼

만 되기 때문이다.

그러면 소액주주를 비롯한 외부 주주들은 어떻게 되었는가. 기아차가 성공을 거둠으로써 기아차에 새로 투자한 외부 투자자들은 이익을 봤다. 기아차 이익에 대해 33.88퍼센트의 권리를 가지는 현대차의 모든 주주 역시 이익을 봤다.

임직원들, 즉 노동자들도 이익을 봤다. 사실상 노조가 경영하던 시절보다 일이 힘들어지기는 했겠지만, 연봉이 얼마나 올랐는가. 다른 어떤 기업보다 탄탄한 직장이 되었으니 노동자들에게 그보다 좋은 일은 없다.

기아차에 납품하는 중소기업과 중견기업도 이익을 보았다. 그만큼 납품 물량이 늘었으니 이익이고 세계시장 진출의 기회를 가지게 되었으니 더욱 이익이다.

소비자들에게도 득이다. 고장이 잦을 뿐 아니라 디자인도 그저 그런 차에서, 탄탄하고 아름다운 차로 바뀌었으니 이제 소비자들도 돈 쓰는 보람이 더 크게 느껴질 것이다.

손해를 본 사람들이 있다면 기아차의 약진으로 시장을 잃게 된 르노삼성자동차, 도요타자동차, 미국의 포드와 GM 같은 곳이다. 그런데 그것은 더욱 좋은 차를 공급해서 그렇게 된 것이니 나쁜 일이라 할 수 없다. 결론적으로 말해서 현대차가 순환출자를 통해서 기아차를 인수한 행위는 사회를 이롭게 했지 해롭게 한 것이 없다.

다른 그룹들도 마찬가지다. 삼성이 반도체에 진출하고 모험적 투자를 하는 과정, 현대차가 기아자동차를 인수하는 과정, 외환위기 이후 강화된 부채비율 규제를 맞추기 위해 유상증자 실권주를 계열사가 인수하는 과정 등을 통해서 이익이 늘어난다. 쉽게 말해 돈은 없는데 투자는 많이 하려다 나타난 현상이 순환출자다. 오히려 투자가 늘어서 더 많은 중소기업이 협력업체가 될 수 있고, 더 많은 일감을 받을 수 있게 된 것 아닌가. 옛말에 '남의 다리 긁는다'는 말이 있는데, 중소기업을 보호하기 위해 순환출자를 규제하겠다는 것이 바로 여기에 해당한다.

순환출자가 생겨난 사연: 강제소유분산, 부채비율 200퍼센트 규제, M&A

1972년 박정희는 8·3 조치라는 초법적 수단으로 사채업자에게서 대기업의 목숨을 살려주었다. 기업이 쓰고 있는 사채를 당분간 갚지 않아도 된다고 긴급조치를 선포한 것이다. 고리채의 원리금 상환에 허덕이던 기업들은 그 덕분에 겨우 한숨을 돌릴 수 있었다.

그러나 공짜가 아니었다. 그 이익을 국민과 공유하라는 요구가 들어왔다. 기업의 공개, 주식의 매각이었다. 그해 기업공개촉진법이 제정되었고, 강력한 압력이 들어왔다. 재벌들의 반응이 미온적이자, 1975년 급기야는 강제적인 공개명령제도까지 들여왔다. 그렇게 재벌들은 강제로 주식을 일반에 매각해야 했다. 가격은 시가보다 훨씬 낮은 수준인 액면가였다. 수많은 사람이 액면가에 공모주를 배정받아서 이익을 봤다. 아마 이 책의 독자 중에도 공모주를 받아본 분이 있을 것이다. 한국 국민이라면 거의 같은 확률로 재벌이 형성한 재산을 나눠 가진 셈이다. 하지만 재벌오너의 지분율은 획기적으로 낮아지기 시작한 시점이다.

그 후로도 여러 가지 수단을 이용해 '소유 분산' 정책을 지속하였고, 그 결과 오너의 지분은 거의 강제로, 그리고 지속적으로 낮아졌다.

〈표 10〉 대주주 지분율, 계열사 출자지분율, 상장회사 진출업종 수의 동태적 변화

(단위: %, 개수)

	1970년대			1990년대			자연인 대주주 지분변화 (D-A)	출자지분 차이 (E-B)	진출 업종 수 차이 (F-C)
	자연인 대주주 (A)	계열사 출자지분 (B)	진출 업종 수 (C)	자연인 대주주 (D)	계열사 출자지분 (E)	진출 업종 수 (F)			
삼성	10.2	23.4	6	3.1	20.9	11	-7.1	-2.5	5
현대	17.2	25.2	9	9.9	21.0	13	-7.3	-4.2	4
LG	17.2	12.6	4	4.7	22.6	9	-12.5	10.0	5
SK	33.2	11.2	6	12.2	12.6	10	-21.0	1.4	4
대우	21.2	15.5	2	4.5	11.8	6	-16.7	-3.7	4
5대그룹 평균	19.8	17.6	5.4	6.9	178	9.8	-12.9	0.2	4.4
쌍용	5.8	14.9	6	4.0	21.3	7	-1.8	6.4	1
코오롱	39.2	0.0	4	9.0	14.7	6	-30.2	14.7	2
동국제강	25.1	0.0	3	13.5	26.6	3	-11.6	26.6	0
롯데	37.4	14.0	3	13.1	27.1	3	-24.3	13.1	0
한진	45.5	0.3	5	18.5	11.6	5	-27.0	11.3	0
한화	32.5	7.8	2	8.8	11.6	3	-23.7	3.8	1
금호	8.3	34.4	3	5.5	9.7	4	-2.6	-24.7	1
동아	38.5	0.0	1	12.5	9.0	1	-26.0	9.0	0
효성	31.6	9.9	1	17.8	0.0	1	-13.8	-9.9	0
해태	28.6	0.0	1	14.0	5.6	3	-14.6	5.6	2
6대 이하 그룹 평균	29.3	8.1	2.9	11.7	13.7	3.6	-17.6	5.6	0.7
총 평균	26.1	11.3	3.7	10.1	15.1	5.7	-16.0	3.8	1.9

자료: 김현종, 『한국 기업집단 소유지배구조에 대한 역사적 영향요인 고찰 및 시사점 연구』, 한국경제연구원, 2012, 80쪽.

〈표 10〉을 보면 알 수 있듯이 5대 그룹의 경우 1970년대에 19.8퍼센트이던 대주주의 지분율이 1990년대에는 6.9퍼센트로 거의 3분의 1 수준으로 떨어졌다.

이렇게 본다면 1퍼센트의 지분으로 99퍼센트(사실 과장된 숫자)를 지배한다는 비난은 사실 수십 년간 지속한 오너 지분 줄이기 정책의 결과물이라 해도 지나친 말이 아니다. 그리고 오너가 낮은 지분율로 투자도 하면서 경영권도 지키려다 보니까 순환출자를 비롯한 복잡한 출자구조가 만들어지게 된다.

오너의 재산이 주식 헐값 매각을 통해 대중에게 나뉘다 보니 오너 개인 돈으로 새로운 사업에 대해 투자자금을 댈 여력은 거의 없었다. 예를 들어 반도체든, 새 모델의 자동차를 생산하기 위한 라인을 증설하는 일이든 오너 개인 돈으로 이를 조달하는 것은 거의 불가능했다. 외부의 투자자들에게서 자본을 조달하기도 어려웠다. 국제 자금시장에 잘 알려지지 않은 한국 기업들이, 그것도 새로 시작하는 사업에 지분투자를 할 대규모 투자자들을 찾기는 어려웠다. 일단 내부에서 자금을 조달해 사업을 시작하여 성공을 거두면 외부의 투자자가 들어오는 형태가 되는 것이다.

다행히 외환위기 이전에는 주주에게 배당도 거의 안 한 터라 기업에는 유보된 이익이 제법 있었다. 그래서 새로운 사업에 대한 지분투자는 주로 계열사의 투자로 충당했다. 한 계열사의 투자만으로 해결하기 어려운 사업은 여러 계열사가 같이 투자해야만 했다. 여러 계열사가 출자하다 보니 복잡한 구조가 만들어졌고, 그럼에도 경영권을 유지하려니 순환출자의 고리가 만들어지기도 했다. 현대자동차가 기아차를 인수하는 과정에서 현대차 → 기아차 → 현대모비스 → 현대차의 순환출자 고리가 생겨난 것에 대해서는 이미 설명했다. 현대중공업의 순환출자 고리는 삼호중공업을 인수하는 과정에서 생겼고 한화그룹의 순환출자 고리는 대한생명을 인수하는 과정에서 만들어졌다. 한마디로, 순환출자(또는 여러 계열사의 출자)는 없는 돈으로 새로운 사업에 투자하기 위한 거의 유일한 방법인 셈이었다. 그 결과가 복잡한 지분소유관계이고 순환출자도 그중 하나다.

유산을 상속하다 보면 기업집단을 분리하게 되는데 이 과정에서도 복잡한 관계가 나타나곤 한다. 빠져나간 계열사의 자리를 메우면서 경영권을 유지하려니 복잡한 출자관계가 만들어진 것이다. 예를 들어 삼성그룹은 『중앙일보』를 계열에서 분리하는 과정에서 순환출자의 고리를 갖게 된다. 현대그룹이 현대자동차, 현대중공업, 현대그룹으로 분할되는 과정에서도 순환고리가 만들어진다.

한편 외환위기 극복과정은 복잡한 출자구조를 더욱 복잡하게 만들었다. IMF도 요구했고, 그전부터도 재벌의 부채비율이 너무 높다는 비판이 많았던 터라 재벌의 부채비율을 200퍼센트 아래로 낮추라는 새로운 규제가 들어왔다. 그전까지는 부채가 자기자본의 평균 400퍼센트를 넘는 수준이었다. 그렇다고 갑자기 빚을 갚을 돈이 나올 리도 없었다. 유일한 방법은 자본금을 늘리는 것이어서 대다수 대기업이 대규모 유상증자를 했다. 하지만 위기에 처한 한국기업에 투자할 자본은 그리 많지 않았다. 많은 실권주가 발생했고, 그것을 십시일반으로 계열사들이 떠안을 수밖에 없었다. 그 덕분에 빠르게 대기업들의 부채비율을 낮출 수 있었지만, 계열사 사이의 출자관계는 더욱 복잡해졌다. 여러 계열사가, 그것도 반복해서 서로에게 출자하다 보니 순환도 되고 반복도 되는 구조가 만들어졌다. 연세대학교 경영대학원 신현한 교수의 보고서*를 보면, 1997년에는 5개 기업집단에서 5퍼센트 이상 순환출자가 5건 있었는데, 외환위기가 끝난 2005년에는 10개 기업집단에서 14건으로 늘어났다. 그리고 2011년에는 16개 기업집단에서 49건의 순환출자가 발견되었다. 부채비율을 감축하기 위한 대규모 유상증자와 사업구조 조정을 위한 기업 인수합병 같은 것들이 순환출자의 계기가 된 것이다.

순환출자를 금지하면 어떤 일이 일어날까

그럼에도 순환출자의 고리를 끊어야 한다면 어떤 일이 일어날까. 먼저 기존 계열사 중의 상당수가 적대적 M&A에 노출될 것이다. 이는 당사자인 재벌들이 가장 우려하는 일이기도 한데, 여기에 대해서 개혁론자들은 엄살이라고 무시하는 경우가 많다. 남경필 의원만 해도 할리우드 액션이라고 하면서 자꾸 그러면 퇴장당한다는 말까지 했을 정도다. 그런데 정말 할리우드 액션일까?

현대차그룹에 현대차 → 기아차 → 현대모비스 → 기아차의 순환

---

* 신현한, 「기업지배구조의 개념, 대규모 기업집단 체제의 현황과 정부의 정책방향」, 전국경제인연합회, 2006.

고리가 형성되어 있음은 이미 설명한 바와 같다. 순환출자의 고리를 끊는다는 것은 현대모비스가 현대차에 대해서 가진 20.78퍼센트의 지분을 어떻게든 없앤다는 말이다. 그러면 어떻게 될까? 정몽구 회장의 현대차에 대한 지배력은 기존의 25.95퍼센트(개인지분 5.17퍼센트 + 현대모비스 지분 20.78퍼센트)에서 5.17퍼센트로 낮아진다. 그렇더라도 당분간은 여전히 최대주주이기는 할 것이다. 그러나 외부 투자자 중에 정몽구 회장보다 지분을 더 많이 가진 사람이 나오기가 훨씬 쉬워질 것이다. 예를 들어 누군가 현대차의 지분을 6퍼센트 취득해서 지배권을 인수한다면 새로운 지배권자는 기아차와 현대모비스와 현대제철을 모두 지배하게 될 것이다. 즉 순환출자의 고리를 끊으면 대주주의 지배력은 현저히 약화한다. 그리고 계열사 상당 부분이 적대적 M&A에 노출될 확률이 높아진다.

개혁론자들도 이런 사태를 원하지는 않기 때문에 해당 주식을 그룹 내의 누군가가 인수하는 것을 전제로 해서 인수비용을 계산하고, 그것을 순환출자 해소비용이라고 내놓고 있다. 하지만 그룹 내의 누군가가 순환출자 고리상의 주식을 인수할 수 있다는 전제는 상당히 비현실적이다.

첫째, 오너 개인은 그 주식을 인수할 수 없다. 수조 원에 달할 그 돈을 무슨 수로 조달할 수 있겠는가. 유일하게 가능한 방법은 현대글로비스 같은 기업의 주식을 매각해서 그 돈으로 순환출자 고리의 주식을 인수하는 것인데, 그 과정에서 오너는 매매 차익에 대한 소득세를 내야 한다. 또 현대글로비스의 지배력이 낮아지는 것은 어떻게 할 것인가. 그래서 오너 개인 돈으로 순환출자 고리의 주식을 인수하는 것은 거의 불가능하다.

둘째, 순환출자 고리에 있지 않은 계열사(현대차그룹 같으면 현대하이스코 등)가 해당 주식을 인수하는 방법이 있기는 한데, 여기에는 두 가지 문제가 있다. 우선 그렇게 하더라도 어차피 기존 오너의 지배권이 미치게 될 텐데 이런 소동을 피울 이유가 무엇인가 하는 것이다. 또 그것이 현실적으로 가능한지 아닌지도 매우 불투명하다. 현대하이스코가 현대모비스 소유의 현대차 주식을 인수하면 대규모 자기거래이기 때문에 현대하이스코 이사회의 승인을 받아야 한다. 그런데 현대하이스코의 이사(사외이사 포함)들이 과연 사회적으로 문제가 될 것이 분명한 거래를 승인해줄까. 만약 그랬다가는 나중에 소액주주로부터 업무상 배임 같은 것으로 제소당할 수도 있고, 손해배상 청구를 당할 수도 있는데 말이다.

개혁론자들이 내놓은 순환출자 해소비용은 그룹 내의 누군가가 순환고리상의 주식을 인수할 수 있음을 전제로 하는데, 이는 비현실적 전제다. 현실을 모르거나 의도적으로 무시하는 것일 수도 있겠다. 그래도 끝까지 밀어붙인다면 헌법소원으로 갈 수도 있고, 그것도 안 통한다면 결국 순환출자 고리상의 주식을 시장에 매각하는 것이 거의 유일한 대안일 것이다. 알짜 기업들을 외국 자본의 M&A에 노출하면서 말이다. 외국 자본을 배격할 이유가 없지만, 굳이 국내기업을 억지로 외국 자본의 M&A에 노출시킬 이유도 없다.

경쟁력을 높이기 위해 순환출자의 고리를 끊는다?

새누리당 남경필 의원은 순환출자규제 법안을 제출하면서 "법이 시행되면, 점진적으로 대기업의 자본 건전성이 향상되어 결과적으로 대기업의 경쟁력이 올라갈 것"이라고 말했다. 그런데 이 말은 이상하다. 남경필 의원 등 개혁론자들이 공격하는 대상은 한국에서 경쟁력이 가장 강한 기업집단이다. 그런 기업집단의 계열사들을 적대적 M&A에 노출하면서 경쟁력을 강화시키겠다고 한다.

물론 적대적 M&A의 압력을 받는 기업은 경쟁력이 올라갈 가능성도 있다. 하지만 매우 가차 없는 과정을 거치게 될 것이다. 특히 외국 투자자들에게 경영권이 넘어갈 때 납품단가가 비싼데도 한국의 중소기업을 협력업체로 두는 비효율은 감수하려고 하지 않을 것이다. 쌍용차를 인수한 중국 자본처럼 행동하지 말라는 법도 없다.

게다가 투자 자체가 잘 일어나지 않을 것이다. 순환출자가 인정되지 않으면서 출자총액제한까지 들어오면 이제 국내 대기업집단의 대규모 신규투자는 어렵다는 말이 된다. 지배권도 보장받지 못할 사업에 무엇 때문에 애써가며 투자를 하겠는가.

순환출자 금지로, 한편으로는 투자를 안 한다고 비난하면서 또 다른 한편으로는 투자 수단을 무력화하는 셈이다.

1퍼센트로 99퍼센트 지배!
구글도, 페이스북도, 워런 버핏도 한다

순환출자를 공격하는 사람들은 그것을 통해 오너가 개인의 주식보다 훨씬 많은 의결권을 행사한다고 한다. 이 말은 맞다. 앞에서도 봤듯이 평균 4.17퍼센트 정도의 총수 일가 지분율을 가지고 거의 100퍼센트의 의결권을 행사한다. 자기가 가진 것의 거의 25배를 행사하는 셈이다. 따라서 자기 재산보다 많은 기업을 지배하는 것은 부당하므로 그 원인이 되는 순환출자의 고리를 끊어야 한다는 것이다.

지분율과 의결권 사이의 이런 차이를 전문용어로는 의결권 괴리라고 하는데, 순환출자 폐지를 주장하는 사람들은 이것을 마치 한국에만 존재하는 병리 현상쯤으로 매도하곤 한다. 그러나 현실은 전혀 그렇지 않다. 많은 사람이 존경해 마지않는 훌륭한 기업들에도 의결권 괴리는 있다. 아예 공식적으로 제도화해놓은 기업들도 많다.

2011년 세계에서 가장 존경받는 기업 1, 2, 3위는 각각 애플과 구글, 버크셔 해서웨이(워런 버핏의 기업)인데, 이 가운데 두 군데가 심각한 의결권 괴리를 가지고 있다.

'Don't be evil!'을 신조로 하는 기업 구글은 기업공개를 할 때 아예 10배의 의결권 괴리를 제도화했다. 이 회사의 주식은 class A와 class B 두 종류인데, 창업자인 세르게이 브린Sergey Brin이 가진 class A 주식은 보통 투자자들이 가진 class B 주식보다 의결권이 10배 많다. 그런 성격 때문에 세르게이 브린 등 창업자 그룹은 10퍼센트 미만의 지분을 가지고도 의결권은 전체의 3분의 2를 장악하고 있다.

같은 1주인데 외부 투자자는 1표만 가지고 오너는 10표를 가지다니 부당하다는 말이 나올 만하다. 'Don't be evil!'이라는 신조는 '착하게 살자!'는 것인데, 자기만 표를 10배 가지는 것은 착하지 못한 행위 아닌가? 꼭 그렇게만 생각할 일이 아니다. 기업공개를 할 때 처음부터 그렇게 했다면 구글의 일반주식(class B)을 취득하는 투자자는 의결권의 불리함을 고려해서 가격을 지불할 것이기 때문이다. 즉 외부 투자자가 손해볼 일은 없다는 것이다.

그러면 창업자인 세르게이 브린은 왜 그처럼 착해 보이지 않는 제도를 만들었을까. 직접 들어보지 않았지만, 자신의 창업정신을 유지하기 위해서일 것이다. 외부 투자자들의 입김이 강해질 경우, 좋은 의견을 제시받는 좋은 점도 있겠지만, 사공이 많아서 배가 산으로 올라갈 가능성도 배제할 수 없다. 또 자기가 창업한 회사에 대해 평생 경영권을 유지하고 싶어하는 것을 사악한 욕심이라고 비난할 수도 없다.

차등의결권의 절정은 오마하의 현인으로 잘 알려진 워런 버핏

Warren Buffett이다. 그가 소유하고 있는 버크셔 해서웨이의 주식은 일반 투자자가 가진 주식보다 2백 배의 의결권을 가지고 있다.

2012년 5월 기업공개를 한 페이스북도 창업자인 마크 주커버그 Mark Zuckerberg가 소유한 주식은 일반 투자자에게 매각된 주식보다 10배나 많은 의결권을 가지고 있다. 앵그리버드로 유명한 징가Zynga도, 링크드인LinkedIn도 이런 식의 차등의결권 구조로 되어 있다. 그래서 이들은 5퍼센트의 주식만 가지고도 50퍼센트 이상의 의결권을 행사할 수 있다.

한 연구에 따르면 유럽도 기업의 24퍼센트가 1주 1표 주의에서 벗어난 차등의결권 제도를 두고 있다고 한다. 특히 스웨덴(59퍼센트), 프랑스(58퍼센트), 네덜란드(41퍼센트) 같은 나라들은 그 비율이 매우 높다.*

평균적으로 보면 차등의결권을 가진 기업들보다 1주 1표주의에 입각한 기업들의 경영성과가 좋은 것이 사실이다. 그러나 그것은 어디까지나 평균적인 추세를 말하는 것일 뿐, 차등의결권이 해롭다는 것을 뜻하는 것은 아니다. 어떤 방식의 의결권 구조를 택할지는 각 기업이 결정하고, 주식투자자들이 선택할 문제다.

한국은 이런 나라들처럼 차등의결권이 허용되지 않는다. 그래서 오너가 자신의 개인 돈만 가지고 투자할 때 자금을 마련하는 일 자체가 어렵지만, 설령 어렵게 투자한다고 해도 경영권을 유지하기가 어렵

---

* "Dual Class Stock Structures", Houlihan Lockey, August 2011, p. 1.

다. 계열사를 통한 다단계투자나 순환출자는 경영권 유지를 위한 수단인 셈이다.

그럼에도 재벌개혁론자들은 다음과 같은 이유로 순환출자를 비난한다. 첫째 가공의결권이 생긴다는 것, 둘째 오너의 부당한 사익추구 행위가 일어날 수 있다는 것, 셋째 회사의 수익률이 떨어질 수 있다는 것 등이다.

앞서 설명했듯이 첫 번째와 두 번째의 것은 순환출자를 비난하는 이유가 될 수 없다. 의결권 괴리가 생긴다고 해서 무엇이 문제인가. 앞에서 순환출자를 통해서 손해 본 사람이 없음을 설명했다. 부당한 사익추구 행위는 순환출자가 아니라 100퍼센트 지분을 가지지 않은 모든 기업에서 나타날 수 있다. 그리고 그런 행위가 나타나면 배임이나 횡령으로 법에 따라 처리하면 된다.

마지막으로 경영성과에 관한 것인데, 이론적으로는 의결권 괴리가 클수록 경영성과가 떨어질 개연성이 충분히 있다. 즉 1퍼센트로 99퍼센트를 경영하는 것보다 1퍼센트로 1퍼센트만 지배하는 것이 더 충실한 경영을 할 개연성이 높다는 것이다. 하지만 현실에서의 경영성과는 의결권 괴리 외에도 수많은 다른 요인의 영향을 받는다. 따라서 의결권 괴리가 클수록 경영성과가 떨어질지에 대해서는 경험적인 분석이 필요하다. 이와 관련하여 연세대학교의 신현한 교수 등이 한국의 재벌들을 대상으로 연구한 논문은* 의결권 괴리와 경영성과 간에 통

---

* 강원·신현한·장진호, 「대규모 기업집단의 지배소유 괴리도와 기업가치 및 경영성

계적으로 의미 있는 관련성이 없다고 결론내렸다. 이인권·김현종 두 사람의 실증 연구에 따르면** 외환위기 이후에는 오히려 의결권 괴리가 클수록 경영성과가 좋았다는 분석 결과를 내놨다.

 그러나 경영성과가 좋은지 나쁜지를 따지기에 앞서 순환출자를 금지하고 의결권 괴리를 허용하지 않았다면 투자가 일어나기나 했을지를 먼저 따져보아야 한다. 새로 투자한 사업에 대해서 경영권을 유지하기가 어렵다면 새로운 투자를 하고 싶은 마음도 그만큼 줄어들 것이다. 순환출자나 다단계출자 같은 것들은 오너가 투자여력을 가지지 않은 상태에서 계열사를 통하여 새로운 사업에 투자하는 방식이다. 순환출자의 외모가 이상해 보인다고 해서 금지한다면 투자 욕구도 그만큼 줄어들 것이다.

과 간의 관계 분석」, 『재무연구』 제18권 2호, 2005.
** 이인권·김현종, 『출자 및 투자 관계에 대한 실증 연구』, 한국경제연구원, 2004.

순환출자 금지 정책의 두 가지 모순

 순환출자 규제 논란을 보고 있노라면 당혹감이 느껴진다. 규제론자들의 말과 행동에 내포된 모순 때문이다. 1퍼센트 지분으로 99퍼센트를 지배하지 못하게 하겠다는 말을 들으면 더욱 그렇다.

 첫 번째 모순은 역사적이다. 노무현 정부 때까지만 해도 소유분산이 대기업정책의 중요한 축이었다. 대주주의 지분율을 낮추는 정책이다. 그런데 경제민주화 논란이 불거지면서 대주주의 낮은 지분율이 문제가 되고 있으니 정책의 자기모순이 아닐 수 없다.

 소유분산 정책을 시작한 것은 박정희 정권 때였다. 1972년 기업공개촉진법을 만들어 대기업의 주식을 일반에 매각하라고 압박하기 시작했다. 그래도 대주주들이 공개를 꺼리자 1975년에는 공개명령제도까지 만들어 대기업의 주식을 일반에게 매각하라고 강제했다. 물론 매각 가격은 시가보다 훨씬 낮아야 했다. 그래서 공모주를 배정받으면

수지가 맞았던 것이다. 기업이 쌓아놓은 부는 그렇게 나뉘었다. 그 후 공개 촉진 및 소유분산 정책은 한국 대기업정책의 일관된 축을 담당해왔다. 출자총액제한제도도 오너의 지분이 낮은 재벌에는 예외조항이 적용되곤 했다. 대주주들의 지분이 희석되어 이른바 1퍼센트에 이르는 데는 이런 정부의 정책이 크게 작용했다고 봐야 한다. 그리고 그것은 국민적 합의이기도 했다. 그런데 이제는 오너의 지분율이 낮은 것을 문제시하게 되었다. 경제민주화론자들이 과연 한국 경제정책의 역사를 제대로 알고 있는지 의문이다. 알고도 그런다면 더욱 당혹스러운 문제이지만 말이다.

재벌 대주주들이 기업 공개를 꺼린 것은 경영권에 대한 불안 때문이었다. 주식발행액이 늘어날수록 대주주의 지분율은 낮아지고, 외부 투자자에게 적대적 M&A를 당할 가능성도 높아진다. 정부도 경영권을 희석할 의도는 없었다. 소유를 분산하라는 것은 기업의 가치를 국민과 나누라는 것이지 경영권을 빼앗으려는 것이 아니었다. 그래서 증권거래법에 명시적으로 경영권 보호를 위한 조항을 만들어주기까지 했다. 외부 투자자가 지분 10퍼센트 이상을 인수하려면 기존 대주주에게서 사들인다는 등의 장치였다. 지분율이 1퍼센트가 되더라도 99퍼센트를 지배하게 보장해줄 테니 걱정하지 말고 기업의 가치를 국민에게 나눠주라는 취지였다.

외환위기 이후 김대중 정권에 들어와서 증권거래법에 따른 경영권 보호장치가 제거된다. 그러다 보니 미국이나 유럽 같은 곳보다 경영권을 보호하기가 더 어려워진 측면이 있다. 미국이나 유럽에서는 기업이 차등의결권으로 경영권을 방어할 수 있다. 구글이나 페이스북의 창업자 오너는 1주 10표를 행사할 수 있기 때문에 외부에서 자금을 조달하면서도 적대적 M&A 걱정 없이 경영권을 유지할 수 있다. 그러나 한국의 상법은 차등의결권을 허용하지 않는다. 그럼에도 대기업들이 계열구조를 유지할 수 있었던 것은 계열사 출자와 순환출자 같은 수단들 덕분이었다. 그런데 이제 그 순환출자마저 끊어내겠다는 것이다. 기업이 믿고 따라온 정책을 정면으로 부인하는 것이니 모순이 아닐 수 없다.

두 번째 모순은 개혁론자들의 정책 목적에 대한 이율배반적 태도다. 순환출자를 금지해서 이들이 해결하려는 문제는 1퍼센트가 99퍼센트를 지배하는 현상이다. 따라서 순환출자 규제가 성공적으로 추진된다면 1퍼센트가 더는 99퍼센트를 지배할 수 없게 될 것이다.

그것이 어떤 상태일까? 오너의 지분이 갑자기 1퍼센트에서 30퍼센트, 40퍼센트로 뛸 리는 없다. 달라지는 것은 오너가 1퍼센트로 지배할 수 있는 계열사의 범위일 것이다. 기업의 상황에 따라 99퍼센트이던 것이 70퍼센트로 낮아질 수도 있고 50퍼센트로 낮아질지도 모른다. 이야기를 전개하기 위해 일단 70퍼센트로 줄어든다고 가정해보자.

70퍼센트를 지배한다는 것은 99퍼센트 중 29퍼센트에 대한 지배권을 잃는다는 뜻이다. 이 29퍼센트에 해당하는 계열사의 경영권은 다른 투자자나 기업이 장악하게 될 것이다. 한국의 중소-중견 기업 중에 30대 재벌의 계열사를 인수할 수 있는 곳은 드물 테니 십중팔구 외국 자본이 그 주인공이 될 것이다.

여기서 개혁론자들의 이율배반이 시작된다. 그들은 어떤 기업도 경영권이 위협받지는 않을 것이라고 했다. 남경필 의원 같은 사람은 기업의 경영권에 대한 우려를 아예 할리우드 액션이라며 자꾸 그러면 퇴장시키겠다는 발언까지 서슴지 않았다. 이는 앞뒤가 안 맞는다. 원래 지배권을 줄이기 위해 순환출자를 금지하겠다는 것인데, 모든 기업의 경영권이 보장된다니 앞뒤가 안 맞는 말을 하고 있는 셈이다.

지금 그들은 두 가지 거짓말 중 하나를 하고 있음이 분명하다. 효과도 없는 규제를 들고 나와 뭔가 해결할 것처럼 국민을 속이고 있든가 아니면 경영권 상실이라는 중요한 정책효과가 있는데도 아닌 것처럼 숨기고 있든가 둘 중 하나다. 무엇이 거짓이고 무엇이 진실인가. 국민의 선택을 받으려면 먼저 진실부터 밝혀야 한다.

투자는 하라면서 출자는 말라는 억지*

재벌에 대한 출자총액제한 제도가 부활할 것 같다. 2009년 폐지되었던 제도다. 몇 년 사이에 대기업집단의 계열사가 너무 많이 늘었다는 인식 때문이다. 20대 그룹의 신규 편입 계열사가 2009년 143개, 2010년 115개가 늘었다. 이것이 과연 많은 숫자인지 아닌지는 논란의 여지가 많다. 그러나 설령 많다고 해도 그것 때문에 폐지했던 규제를 부활한다는 것은 자가당착이다. 계열사 수의 증가는 규제 폐지를 통해서 얻고자 하는 결과였기 때문이다.

출자총액제한의 폐지를 둘러싸고 벌어졌던 논쟁을 기억해보면 규제 부활의 부당성을 알 수 있다. 가장 중요한 쟁점은 이 제도를 폐지했을 때 대기업집단들이 투자를 늘릴 것인지 아닌지였다. 폐지를 주장하

---

* 이 글은 『한국경제신문』, 2011년 8월 31일자 기사를 수정 보완한 것이다.

는 측에서는 대기업들의 투자 확대를 가장 중요한 목적으로 들고 나왔다. 새로운 투자를 할 때 계열사를 만들어 출자하는 방식을 택하는 경우가 많은데, 출자총액제한은 계열사에 출자하는 총액을 제한한다. 그것은 투자를 제한하는 것이기도 하다. 따라서 투자를 촉진하려면 출자총액제한을 없애거나 완화해야 한다는 것이 출자총액제한 폐지를 주장하는 측의 논지였다.

반대측도 투자를 늘리는 것이 좋다는 데는 동의했다. 하지만 출자제한을 풀어봤자 투자는 늘지 않을 것이라고 주장했다. 투자를 늘리는 대신 기존의 계열사에 대한 지분투자만 확대해서 지배권을 강화하려고 할 뿐이라는 것이 출자총액제한이 필요하다고 주장하는 사람들의 논지였다.

그런데 출자총액제한은 폐지되었으니 좋은 실험의 장이 펼쳐진 셈이다. 어느 쪽의 주장이 맞았을까. 만약 출자총액제한 폐지에 반대하는 쪽이 맞다면 출자제한이 폐지되었더라도 새로운 계열사는 늘어나지 않았을 것이다. 그 대신 기존 계열사들 사이의 출자만 더욱 강화되었을 것이다. 반면 폐지론자들의 주장이 맞다면 계열사는 늘었어야 한다.

실상은 어떤가. 새로운 계열사들이 많이 생겼다. 출자제한 폐지 이후 2010년까지 3년간 20대 그룹에 신규 편입된 계열사는 386개다. 이는 출자제한을 폐지한 결과 계열사의 신설, 인수 등의 방법으로 투자가 늘었다는 증거다. 원래 의도한 출자제한 폐지는 대성공을 거둔 셈이다.

계열사가 늘었기 때문에 출자총액을 제한해야 한다는 것은 앞뒤가 안 맞는다. 계열사 숫자의 증가는 원래 의도한 효과였다. 총수의 지배력을 키우기 위한 것으로 의심하기도 하지만 늘어난 계열사 중 총수 일가가 직접 지배권을 가진 계열사는 여덟 개다. 늘어난 396개 전체 계열사의 2.1퍼센트에 불과하다.

출자와 투자는 다르다고 말하는 사람들이 있는데, 이는 억지다. 기업은 새로운 회사의 설립이나 인수를 통해서 투자하는 경우가 많으며 그 과정에서 출자가 이루어진다. 출자를 통해 새로운 계열사를 만들고, 그것으로 일반 투자자들에게서 투자도 받고 대출도 일으킬 수 있다. 그래서 출자총액제한의 서슬이 시퍼렇던 노무현 정권 때도 규제의 실효성이 의심될 정도로 출자총액제한에 예외조항이 많이 생겼다. 투자는 필요한데 출자제한이 장애물로 작용했기 때문이다.

출자제한이 부활하면 또다시 그런 일은 반복될 것이다. 즉 수많은 예외조항이 생길 것이라는 말이다. 그런데 그것은 결국 실질적인 투자 허가제가 되어버린다. 대기업이 투자하려면 정부와 정치인들을 설득해서 법에 예외조항을 만들어야 하기 때문이다.

기업이 투자하는데 왜 정부의 허가를 받아야 하는가. 기업에게 투자는 중요한 기밀사항이다. 경쟁업체가 그 정보를 알면 경쟁우위를 잃을 수 있기 때문이다. 투자하기 위해 정부에게 말하다가 시기를 놓치거나 기밀이 새어나가면 정부가 배상해줄 작정인가.

출자총액제한의 부활을 주장하는 자들이 내세우는 또 다른 명분은 중소기업의 보호다. 계열사가 늘어남으로써 중소기업의 영역을 침해한다는 것이다. 이것 역시 현실과 다르다. 지난 3년간 늘어난 전체 계열사 중 79.1퍼센트인 305개는 기존 업종을 수직계열화한 것으로 볼 수 있다. 대기업의 투자가 중소기업의 영역을 침해하는 것이 아니라는 말이다. 대형할인점의 확장 같은 것은 점포가 늘어나는 일이어서 출자와 무관하다. 빵집이나 떡볶이집 같은 것 역시 출자총액제한과는 무관하다.

〈표 11〉은 출자총액제한이 발효 중이던 2004년 당시 전국경제인연합회가 회원사를 상대로 조사했던 내용인데, 출자제한 때문에 신규

〈표 11〉 출자총액규제로 인한 신규투자 포기사례

회사명	투자사업명	투자규모	주요 내용	투자시기
A사	○○사업 매각 입찰	400억 원	○○ 산업 진출 위해 FLO 공장 인수 희망, 출자총액규제로 신규사업 포기	2002. 7
B사	○○터미널 지분인수	300억 원	B사는 ○○ 터미널 지분 9%를 보유하여 정부보유 ○○터미널 지분 25%(300억 원)의 추가매입을 희망, 출자 한도 여유 없어 정부지분 매각입찰 참여 포기	2003. 3
C사	물적 분할	1,000억 원	G그룹은 9개 사업부문 중 2개 사업부문을 물적 분할할 예정이었으나 출자총액규제로 좌절	2003
D사	○○과학 연구소 분리 설립	300억 원	별도법인으로 독립시켜 투자를 확대하려 했으나, 출자 예외요건(매출액 기준) 미충족으로 투자 포기	2003
E사	I사 입찰 포기	2조 원	H사는 I사 입찰 추진, 동종업종으로 인정받지 못해 입찰 포기	2003

자료: 「출자총액규제로 인한 투자저해 실태와 시사점」, 전국경제인연합회, 2004. 4.

투자를 포기한 사례들을 담고 있다. 여기서 알 수 있듯이 새로운 공장이나 터미널, 과학연구소 분리 설립, 새로운 기업 인수 등이 출자제한 때문에 포기되었다.

설령 중소기업을 보호하기 위해 대기업의 진출을 억제하더라도 그 수단으로 출자제한을 부활하는 것은 빈대 잡으려고 초가삼간을 태우는 격이다. 계열사 확장을 통한 투자 확대는 중소기업 영역이 아닌 곳에서도 얼마든지 이루어질 수 있기 때문이다.

세상 일은 대부분 아름다운 면과 추한 면을 동시에 가지고 있다. 맛있는 식사는 좋지만, 설거지는 귀찮다. 투자도 그렇다. 투자가 일어나면 일자리가 늘어난다. 또 생산성이 높아져서 근로자들의 소득도 높아진다. 이것이 투자를 좋아하는 대중의 모습이다.

그러나 투자는 또 다른 한편으로 투자기업의 자산을 늘리고 계열사를 늘리기도 한다. 이런 모습이 싫다고 해서 규제한다면 우리가 원하는 고용의 증대와 소득의 증가도 이루기 어려워진다. 출자총액제한으로 기업의 투자를 막지 말라.

04
중소기업, 야성을 길러주자

단가 후려치기는
글로벌 소비자에게서 비롯된다

중소기업들이 대기업에 대해 쏟아내는 큰 불만 중 골목상권 침해만큼이나 자주 듣는 것이 납품 단가 후려치기다. 부품 단가는 절대로 올려주는 일이 없다든가, 원자재 가격은 오르는데 부품 가격은 전혀 올려주지 않는다든가, 이윤율은 5퍼센트 수준에서 고정해놓고 단가를 더 쳐주지는 않는다는 등이 그것이다. 내가 파악한 바로도 이런 현상은 상당 부분 사실이다. 그런데 이것은 대기업-중소기업의 관계가 아니라 글로벌 제품과 부품 시장이라는 맥락에서 바라보는 것이 옳다. 대기업의 최종 제품 시장은 이미 거의 완전하게 글로벌화되어 있기 때문이다.

최종제품 가격의 끝없는 추락
대기업들이 활동하는 글로벌 시장에서 피할 수 없는 현실은 끊임없이 새로운 제품이 나오고 값은 내려간다는 것이다. 특히 한국 대기업이 강세를 보이는 전자제품 시장이 그렇다. 휴대전화도, 텔레비전도, 반도체도 모두 제품의 성능은 나날이 좋아지는데 값은 계속 떨어진다는 것이다. 내가 직접 경험하기로도 이 글을 쓰는 2012년 7월 현재 42인치 LCD 텔레비전이 80만 원 이하로 떨어졌다. 1년 전만 하더라도 200만 원이 넘던 제품이었는데, 값이 반 토막도 더 내려간 것이다.

〈그림 10〉은 지난 7년간 미국시장에서 32인치 LCD 텔레비전의 가격이 어떻게 변해왔는지를 보여준다. 2005년 1,566달러(현재 환율로 1,700만 원)이던 가격이 6년이 지난 2011년에는 319달러(33만 원 정도)로 내려왔다. 80퍼센트가 떨어진 것이다.

이 가격에 맞춰 텔레비전을 시장에 내놓으려면 원가 역시 2005년

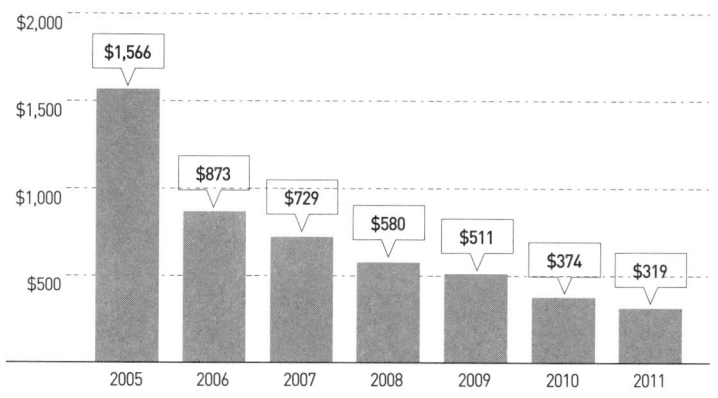

〈그림 10〉 32인치 LCD 텔레비전의 평균 가격

자료: money.cnn.com

당시보다 80퍼센트 이상 낮게 생산이 가능해야 한다. 부품이라고 해서 말해 무엇하겠는가. 중소기업이든 대기업 본사든 대기업의 계열사든 그런 사정은 다를 것이 없다.

　그렇게 하지 못하는 기업들은 도태되거나 이윤율이 낮아질 수밖에 없다. 특히 친인척에게 납품권을 준 기업들은 이런 곤란을 많이 겪는다. 직원들 처지에서 오너 친인척이 납품하니 납품가격을 함부로 깎기 어렵고, 그런 만큼 다른 기업과의 원가 및 가격 경쟁력은 낮아질 수밖에 없다.*

　부품가격을 가혹하게 내리지 못하면 시장에 나오지조차 못하는 것이 글로벌 시장의 현실이다. 다른 나라의 기업들은 텔레비전 원가를 300달러에 맞추는데, 한국의 어떤 기업은 중소기업에 부품가격을 후하게 쳐주느라고 500달러가 되었다고 해보자. 스펙이 같은 제품을 이 기업 혼자서 500달러 넘는 값에 시장에 내놓는다면? 어떤 소비자도 사지 않을 것이 분명하다. 아니 그러기 전에 가전제품 판매점들이 한국의 대기업에 납품가격을 300달러 아래로 낮추라고 후려칠 것이다. 그렇게 하지 않는다면 제품은 아예 매장에 나가지도 못하게 된다. 소비자들이 사지 않을 제품을 진열할 매장은 없다.

　이렇게 본다면 부품가격 후려치기의 근원지는 최종제품의 시장이다. 소비자들이 최고의 제품을 최대한 낮은 가격에 사기 원하기 때문에 소비자의 선택을 받아야 하는 제품 생산자들은 최대한 품질은 높이

* 곽정수, 『재벌들의 밥그릇』, 홍익출판사, 2012, 83쪽.

고 가격은 낮추려고 한다. 따라서 어떤 기업이든 지속적인 가격 하락 현상 때문에 스트레스를 받는다. 이런 원리는 중소기업이든 대기업이든 최종제품 생산자든 부품공급자든 가리지 않고 작동한다. 대기업이 가격을 낮추지 못해 최종제품을 못 팔게 된다면 중소기업은 부품가격의 높고 낮음을 떠나 아예 납품할 기회를 잃게 될 것이다.

혁신과 변신만이 살길이다

부품가격 인하 압박은 중국으로 대표되는 신흥공업국의 등장으로 더욱 심해졌다. 한국이 일본의 부품을 들여다가 조립해서 수출했듯이, 중국의 기업들도 한국의 소재나 부품을 들여다가 조립해서 수출했다. 그런데 이제는 중국기업들이 양질의 부품을 생산하기 시작했다. 물론 한국 부품업체보다 훨씬 낮은 가격에 말이다. 당연히 모든 나라의 최종제품 제조업체들이 중국 부품에 매력을 느끼기 시작했다. 애플은 아예 제조 공정 전체를 타이완의 팍스콘이라는 업체를 통해 중국에서 일괄 생산하고 있다. 애플이 34퍼센트라는 경이적인 이익률을 기록하는 것은 아마도 부품을 매우 낮은 단가에 납품받고 있기 때문일 것이다.

이런 상황에서 기업이 택할 수 있는 유일한 대안은 생산성을 높이는 것뿐이다. 같은 재료와 같은 노동자와 같은 시간을 투입하더라도 예전보다 품질은 더 우수하게, 수량은 더 많이 생산하는 방법을 찾아내야 한다. 그렇지 못하면 중소기업이든 대기업이든 쇠락의 길을 걸을 수밖에 없다.

그래서 혁신과 변신이 필요하다. 그것에 성공하지 못하면 아무리

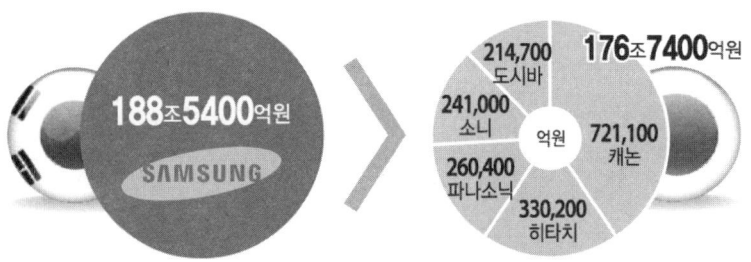

〈그림 11〉 삼성전자와 일본 5대 전자업체 시가총액

자료 : 『전자신문』, 2012년 3월 29일자.

잘나가던 기업이라 하더라도 순식간에 소비자의 버림을 받는다. 소니, 히타치, 샤프 등 일본기업은 모두 빛나는 별 같았지만, 이제는 5대 기업을 모두 합쳐도 삼성전자 하나의 시가총액보다 낮아졌다. 지속적인 혁신과 변신에 실패했기 때문이다. 승승장구하던 핀란드의 기업 노키아 역시 스마트폰의 등장에 제대로 적응하지 못하고 소비자의 버림을 받은 결과 2007년 말 1,100억 유로를 넘던 시가총액은 2012년 4월 12일 현재 114억 유로가 되어 4년 만에 10분의 1 수준으로 추락하고 말았다.*

다행히 많은 한국의 기업이 원가 인하 압박, 품질 향상 압박을 혁신으로 견뎌냈다. 예를 들어 2010년 휴대전화 부문 주요 10개 협력업

---

* 『파이낸셜 타임즈』 기사를 2012년 4월 13일자 『아시아경제신문』에서 재인용.
http://m.asiae.co.kr/view.htm?no=2012041311104069184

체 영업이익률은 11퍼센트인 데 반해 미국 애플에 납품하는 타이완 상장사 아홉 곳의 영업이익률은 3.2퍼센트(2011년 3분기 평균)다.* 한국 협력업체들의 이익이 높은 수준을 유지할 수 있는 것은 단가를 높이 받을 수 있어서라기보다는 낮은 단가에도 지속적인 혁신으로 생산성을 높였기 때문이라고 봐야 한다.

현대자동차와 협력업체의 동반성장

미국 앨라배마에 진출한 현대자동차 협력업체들의 성공담은 모기업과 협력업체들의 성공적인 관계의 본질을 보여준다.** 사실 현대자동차가 미국에 진출한다고 했을 때 협력업체들은 달가워하지 않았다. 막대한 투자를 해야 하는데, 그것을 회수할 수 있을 정도로 차가 팔린다는 보장이 없었다. 그것도 자동차의 본고장인 미국에서이니 더욱 그랬다. 그런데도 모기업이 강권하니 따라나설 수밖에 없었다. 그리고 미국시장에서 살아남기 위한 치열한 노력이 시작된다.

현대자동차의 임원은 매일 새벽 여섯시 협력업체 사장들을 소집해서 품질점검회의를 했다. 불량이 하나라도 나오면 그 자리에서 해결해야 했다. 그런 일을 협력업체 직원들은 '조인트 까진다'고 했다. 하도 집요하게 해결책을 요구하니 말이다. 그런 노력은 차츰 결실을 거

---

* 『한국경제신문』, 2012년 4월 6일자 사설.
  http://s.hankyung.com/news/app/newsview.php?aid=2012040585051&type=0&nid=290&sid=0104&page=188
** 정규재, 「우리는 새벽 6시에 집합합니다」, 『한국경제신문』, 2012년 6월 25일자.

두어서 불량률이 23ppm에서 7ppm으로 떨어졌다. 기적 같은 일이었다. 현대기아차는 품질에서 일본 차를 넘어섰다. 그러다 보니 현대기아차는 이제 미국시장에서 없어서 못 파는 차가 되었다.

자동차만 잘 팔리는 것이 아니다. 협력업체의 부품들도 품질이 올라가서 일본과 미국의 자동차업체에 납품이 늘기 시작했다. 현대기아 전체 협력사의 2011년 총수출액은 북미지역을 포함해 21조 8,300억 원이었다. 10년 전인 2002년 3조 6,000억 원의 6배다. 그중에서 현대기아에 대한 수출은 10조 3,000억 원이고 11조 5,000억 원은 다른 자동차회사로 수출한 것이다. 중소기업이든 대기업이든 소비자들이 원하는 좋은 제품을 싸게 만들면 성공할 수 있다. 그렇지 못한 기업은 중소기업이든 대기업이든 세계시장에서 설 자리가 없다.

이처럼 최종제품 시장뿐만 아니라 부품시장 역시 세계화되어 있다. 이런 상황에서 동반성장 또는 공생발전은 부품단가를 올려주거나 깎지 않는 것일 수는 없다. 그렇게 된다면 최종제품의 원가 역시 높아져 세계시장에서의 가격 경쟁을 견뎌내기 어려울 것이다.

결국 대기업이든 중소기업이든 성공할 때까지 혁신에 매진하든 아니면 다른 업종으로 전환하든 선택을 할 수밖에 없다. 그리고 혁신에 성공하지 못하는 부품들, 특히 후진국에서도 얼마든지 만들 수 있는 제품들은 후진국으로부터의 위탁을 피할 수 없다. 그런 것을 하는 중소기업은 하루빨리 업종을 바꾸는 것이 올바른 선택이다.

어쩌면 단순 부품들의 조달을 후진국에 위탁하는 것은 발전의 과실을 세계의 가난한 사람들과 나누는 것이기도 하다. 모든 것을 다 한국인이 한다면 가난한 나라 사람들에게는 어떤 기회가 있겠는가. 과거 우리가 일본과 미국의 단순 제품들을 OEM 등의 형태로 넘겨받아 발전의 사다리로 삼았듯이, 우리 기업의 아웃소싱도 가난한 나라 사람들에게 사다리를 제공하는 셈이다.

2차, 3차, 4차 협력업체의 문제

이런 상황을 생각해볼 때 대기업에 대한 가장 큰 불만은 중국산으로 대체될 수 있는 부품을 공급하는 중소기업들에서 나오는 것임을 쉽게 짐작할 수 있다. 그리고 그들은 대부분 대기업과 직접 거래관계가 아닌 2차, 3차, 4차 협력업체들일 것임도 짐작할 수 있다.

중요한 것은 그들이 대기업과 직접적인 거래관계가 아니라는 것이다. 2차 협력업체는 1차 협력업체에 납품하고 그 업체로부터 대금을 받는다. 3차, 4차 협력업체는 2차, 3차와 각각 그런 관계를 맺고 있다. 즉, 중국산 등으로 대체될 수 있는 부품의 공급업체일수록 대기업과의 직접 거래관계에서 멀어지게 된다. 그런 업체에서 불평이 터져 나올 때 원사업자인 대기업은 대처할 뾰족한 방법이 없다. 그건 결국 협력업체들끼리 갈등을 빚는 것이기 때문이다.

이와 관련하여 MB 정부는 동반성장을 추진하면서 원사업자인 대기업에게 1차 협력업체에 지급된 부품대금이 2차, 3차, 4차 협력업체까지 제대로 흘러가는지를 감독할 책무를 부여했다. 이런 책무는 중소기업 또는 중견기업에 더 큰 문제를 일으킬 수 있다. 그것은 또 다른 관점에서 보면 중견 또는 중소기업인 1차, 2차, 3차 협력업체의 고유한 경영행위에 대한 간섭이기 때문이다. 하도급거래공정화에관한법률 제18조는 "원사업자는 하도급거래량을 조절하는 방법 등을 이용하여 수급사업자의 경영에 간섭하여서는 아니 된다"라고 규정하고 있다. 협력업체가 하위 납품업체에 대한 대금 지급 방법을 결정하는 것은 매우 중요한 경영행위의 하나인데 그 행위에 원사업자가 간섭하는 셈이다.

최종제품이든 부품이든 가격은 시장에 맡겨라
부품을 누구한테 얼마에 납품받을지에 대해서는 시장에 맡기는 수밖에 없다. 최종제품과 부품시장 모두 세계화되어 있는 상황에서 과연 무엇이 적정 가격이며 무엇이 후려치기인지도 판단하기가 어려운 상황이다. 계약을 파기하는 등의 배신행위는 법의 심판을 받아야겠지만 최저 가격으로 부품을 납품받으려고 하는 것을 불법화해서는 안 된다. 그것이 바로 최종제품의 값, 즉 소비자의 이익과 직결되기 때문이다. 기업의 존재 이유가 이윤추구이긴 하지만, 형편없는 제품을 높은 가격으로 파는 것이 아니라 끊임없는 혁신을 통해 품질이 높은 제품을 낮은 가격에 팔면서도 이윤을 내는 것, 그것이 기업에 주어진 지상 과제이기 때문이다.

진정한 동반성장은 생산과 매출의 증가*

"소나무 아래엔 풀이 자라지 않는다. 경쟁자의 등장을 가로막는 소나무의 용의주도함에는 약육강식의 잔인함마저 느껴진다. 대기업과 중소기업의 생태계는 소나무 숲 속과 너무도 닮았다. 협력사들이 고사枯死 직전까지 내몰리더라도 대기업들은 기술을 가로채거나 납품단가를 후려치면서까지 자기 수익을 올리는 데 거리낌이 없다."

2011년 3월 15일, 정운찬 동반성장위원장이 『조선일보』에 기고한 칼럼에서 발췌한 내용이다. 여기서 그는 한국의 대기업들을 주변의 모든 나무를 고사시키는 잔인한 소나무에 비유했다. 소나무처럼 자기 이

---

* 이 글은 『조선일보』, 2011년 3월 16일자에 게재되었다.

익만 챙겨서 주변 중소기업들을 다 죽인다는 것이다.

하지만 그렇다고 인정하기엔 이상한 현실이 있다. 정말 그것이 사실이라면 대기업 주변으로는 중소기업들이 얼씬도 하지 않을 텐데 현실은 오히려 그 반대다. 어떤 중소기업이든 대기업에 납품하기 위해 애를 쓰는 현실을 어떻게 봐야 하는가? 주변 사람들에게 물어보니, 중소기업이 삼성이나 LG 등 대기업의 협력업체가 되면 탄탄대로가 열리는 것으로 생각했다. 협력업체가 소나무 그늘 속의 풀처럼 죽어나가는 자리라면 이런 일이 벌어질 리 없었다.

기업은 이익을 나누는 존재

기업은 이미 주변과 이익을 나누고 있다. 기업이 제 이익만 챙기면 이 세상에 존재할 수 없을 것이다. 직원의 이익을 챙겨주지 않으면 직원이 떠나고, 투자자의 이익을 챙겨주지 않으면 투자자가 떠난다. 또 좋은 품질과 낮은 가격으로 소비자의 이익을 챙겨주지 않으면 소비자 역시 그 기업을 버린다. 기업이 존속하고 있다는 것은 부단히 주변과 이익을 나누고 있다는 말이다. 기업의 규모가 클수록 나눔과 협력의 규모와 범위가 커진다.

협력업체와의 관계도 마찬가지다. 부품의 품질이 최종제품의 품질을 좌우하는 만큼 최종제품 생산자인 대기업은 부품 공급업체의 협력을 받아내는 일이 반드시 필요하다. 그리고 그렇게 하려면 이익을 나눌 수밖에 없다. 물론 납품단가는 끊임없이 떨어질 수밖에 없다. 그렇지 않다면 끊임없이 떨어지는 최종제품의 시장가격에 맞출 수가 없기 때문이다. 그럼에도 기업이 생존하고 이익을 남기려면 부단한 혁신으로 원가를 더 빨리 낮춰야 한다. 그리고 협력업체들의 이익률에 대한 조사결과는 대기업과 협력관계에 있는 한국의 중소기업들이 이런 현실에 비교적 잘 적응하고 있음을 보여준다. 대기업과의 협력관계가 중소기업에 혁신의 심리와 기회를 제공하는 셈이다.

물론 신의를 저버리고 중소기업의 기술을 탈취하는 대기업도 있기는 하다. 그런 파렴치한 기업은 법이 정한 바에 따라 처벌을 하거나 손해배상을 하게 해야 한다. 하지만 대다수 대기업은 그렇지 않다. 무엇보다도 그런 짓을 일삼는 대기업과는 어떤 중소기업도 거래하려 하지 않을 것이다. 중소기업을 말려 죽인다는 정 위원장의 대기업 비난은 지나친 일반화다.

이익공유제의 문제

정 위원장은 근로자들에게 이익을 나눠주는데, 협력업체에 대해서도 그렇게 못할 이유가 뭐냐고 묻는다. 하지만 그건 회사법을 몰라서 하는 소리다. 한국의 회사법은 같은 그룹 내의 계열사끼리도 이익을 나누지 못하게 되어 있다. 만약 별 이유도 없이 계열사에 이익을 나눠준다면 해당 기업의 주주가 손해배상 소송을 제기할 것이다. 부당한 증여나 부당 지원 같은 명목이 될 것이다. 협력업체라고 해서 다를 수가 없다. 근로자나 주주에 대한 이익배분 방식을 그대로 협력업체에 적용할 수는 없다.

게다가 정 위원장은 초과이익공유제를 제안했는데, 초과이윤이라는 말 자체도 당황스럽다. 연초에 목표한 것보다 이익이 더 많이 나면 '초과이윤'이기 때문에 나누라는 것인데, 나눠야 할 이익이 이런 식으로 정해진다면 기업들은 연초에 이윤 목표치를 높여 잡으려고 하지 않을까. 아마도 모든 기업을 허풍쟁이로 만드는 정책이 될 것 같다.

생산과 매출의 증가가 동반성장이다

같은 경제학자로서 정 위원장에게 이 말은 꼭 전하고 싶다. 협력업체에 정말 중요한 것은 생산물량 자체의 확보다. 원자재 가격은 치솟는데 대기업이 만드는 제품 가격은 오히려 내려가고 있다. 2년 전까지만 해도 300만 원을 훨씬 넘었던 LCD 텔레비전의 가격이 지금은 150만 원도 안 된다. 그 과정에서 협력업체들은 정 위원장의 표현대로 부품가격 '후려치기'를 당했을 것이다. 하지만 협력업체들만 원가절감 압력을 받는 것은 아니다. 대기업 자신도 마른 수건을 짜듯이 생산성을 높이고 원가절감을 했기 때문에 그런 가격이 가능해진다. 후려치기로 따지면 소비자들이 원조다. 그럼에도 기업이 이윤을 남겨 생존하려면 끊임없이 생산성을 높이고 원가를 낮춰야 한다.

동반성장을 잘못 강조하다 보면 원가가 높아져 최종제품의 경쟁력이 떨어질 수 있다. 납품단가를 올려주라는 식의 동반성장은 동반추락으로 이어지기 십상이다. 진정한 동반성장은 대기업과 협력업체가 힘을 합쳐 품질을 높이고 가격을 낮추는 것이다. 그래야 매출과 생산이 성장할 수 있다. 진정으로 동반성장을 원한다면 대기업과 중소기업의 생산과 매출이 동반성장하는 방법을 찾아야 한다.

삼성·LG 동물원? 진짜 동물원은 정부다

한국은 중소기업이 너무 많다

한국에는 중소기업이 너무 많다. 제조업 분야의 대기업, 중견기업, 중소기업의 비율을 살펴보면 한국(2007년)이 0.1 대 0.2 대 99.8이다. 이에 비해 일본(2006년)은 0.2 대 1.1 대 98.7로 중견기업과 대기업의 비율이 한국보다 네 배나 높다. 독일(2005년)은 1.3 대 8.2 대 90.5로 중견기업 이상의 비율이 한국의 32배에 달한다. 한국은 다른 나라들에 비해 중소기업의 비중이 압도적으로 높다. 중소기업과 대기업의 비중이 1 대 99가 아니라 0 대 100인 셈이다.*

　사람들은 그래서 중소기업이 중요하다고 하지만, 이는 틀린 소리

---

*문신학, 「월드클래스 중견기업 300개 키운다」, 『월간 나라 경제』, 2010년 5월호, 14쪽 참조.

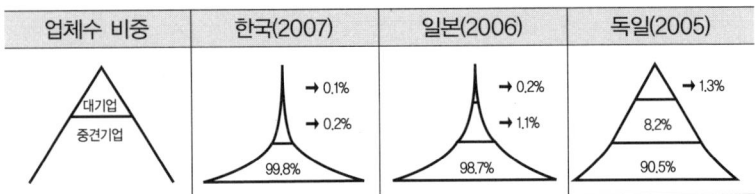

〈그림 12〉 사업체 규모별 업체수 비중(제조업 기준)

다. 중소기업이 많아서 좋을 게 뭔가. 생산성은 떨어지고 임금은 낮다. 청년들은 일자리를 내놓으라고 아우성을 치면서도 중소기업에는 취업하려고 하지 않는다. 우리에게 필요한 것은 대기업이 더 많이 생기는 것이지 중소기업을 많이 가지는 것이 아니다.

일자리를 만들고 소득을 높이려면 대기업으로 크는 중소기업이 많이 나와야 하는데 현실은 그렇지 않다. 1997년부터 2007년까지 중소기업에서 중견기업으로 성장한 기업은 119개에 불과하다. 같은 기간 중소·중견 기업에서 대기업으로 큰 기업은 28개뿐이다. 그나마도 기존 대기업집단 소속기업과 외국인기업을 제외하면 그 수는 세 개(풍산, 오뚜기, 이랜드)로 줄어든다.*

삼성동물원, LG동물원은 허구다

왜 우리나라의 중소기업은 대기업으로 크지 않을까? 안철수 원장은 재벌들 때문에 중소기업이 크지 못한다며, 재벌기업을 삼성동물원,

---

* 세계적 전문 중견기업 육성전략, 지식경제부, 2010년 3월 18일, 3쪽.

LG동물원이라고 비판했다. 하지만 그건 지나친 침소봉대다. 그의 말대로 납품계약을 독점방식으로 하는 경우는 있겠지만, 아무리 삼성, LG라 해도 중소기업에 계약하자고 강요할 수는 없는 노릇이다. 게다가 비밀 유지가 필요한 핵심 부품업체가 아닌 다음에야 협력업체가 다른 기업에 납품하는 것을 막을 이유가 없다. 그렇게 되면 부품원가가 높아져 오히려 자기에게 손해로 돌아온다.

동물원이라는 비난이 무색하게도 재벌기업의 협력업체 중에서 세계적 기업으로 도약한 곳이 많다. 예를 들어 현대차 협력업체로 출발한 한주금속은 스스로 품질을 높이고, 국외시장을 개척해서 지금은 르노, 닛산, GM, 도요타 등에도 납품한다. 삼성전자는 아예 상생협력센터를 통해 협력업체의 국외 진출에 필요한 정보를 제공한다.

재벌기업들과 무관하게 성공한 중소·중견 기업들도 있다. 네이버의 NHN, 인터파크, 카카오톡 같은 곳이 모두 대기업과 무관하게 컸다. 안철수연구소 자신도 삼성SDS와 거래를 해서 안정적인 자금원을 확보했다고 들었다. 그리고 안철수가 원할 때 SDS와의 관계를 청산했다. 다른 기업이라고 그렇게 못할 이유가 없다. 안철수 원장의 동물원 비유는 자신의 경험과도 맞지 않는다.

풀무원두부 이야기

나는 오히려 정부의 잘못된 중소기업 정책이 중소기업의 야성을 길들이고 우리 안에 가두어두는 동물원이라고 생각한다. 우리의 중소기업 정책은 중소기업으로 머무르는 자에게 온갖 혜택을 주는 구조로 되어 있다. 규모를 키워 대기업이 되면 혜택은 사라지고 수많은 규제만 어깨 위에 올려진다. 더 큰 어려움은 여론이다. 중소기업들과의 사이에서 갈등이 생기면 모든 비난과 책임이 대기업으로 돌아온다.

식품을 만들어 팔아온 풀무원은 좋은 사례다. 풀무원은 1981년 풀무원유기식품이라는 이름으로 종업원 열 명의 영세기업으로 출발했다. 불량식품이 판치던 당시의 식품시장에서 깨끗하고 안전한 식품으로 승부를 걸었고 소비자들이 이를 받아들였다. 1984년 풀무원은 포장두부라는 새로운 제품을 내놓았다. 그때까지 두부는 모두 판두부였다. 금방 색이 변하고 쉬기 때문에 두부는 대부분 물속에 들어 있었다. 그런 두부시장에 풀무원은 포장두부를 내놓았다. 물에 넣고 파는 판두부보다 위생적인데다가 보관 시간도 훨씬 긴 새로운 제품이었다. 소비자들의 반응이 좋았고 시장점유율은 높아졌다. 절정기에는 전체 두부 판매량의 80퍼센트 이상을 차지하기도 했다. 2006년 중소기업 고유업종이 해제되어 CJ, 대상 등이 진입했지만, 여전히 두부시장의 50퍼센트 이상을 점하고 있다.

그런데 2012년 풀무원은 뜻하지 않게 중소기업적합업종이라는 복병을 만났다. 두부제조업을 중소기업만의 업종으로 해달라는 중소 두부제조업자들의 요청이 빗발치자 동반성장위원회가 국내 최대두부기업인 풀무원에 사업철수를 권고하고 나선 것이다.

풀무원두부가 사업 확장을 자제할 경우 당분간 중소두부업체들이 두부 팔기가 쉬워질 것이다. 하지만 이건 뭔가 잘못돼도 크게 잘못되었다. 풀무원식품도 1984년 두부사업을 시작하던 당시에는 영세두부업자에 지나지 않았다. 치열하게 기술개발을 하고 좋은 제품을 개발해서 여기까지 왔는데, 이제 성공했다고 사업에서 손을 떼라면 누가 열심히 기술개발을 하고 식품의 안전을 위해 노력하겠는가.

대기업 때리기 식의 중소기업 적합업종 제도는 중소기업으로 하여금 대기업으로 크지 말고 현재 상태로 머물러 있도록 하는 정책이다. 마치 동물원에 가두어 두고 먹이를 주는 식이라고나 할까?

제빵왕 김탁구, 파리바게트에게 박수를

동네 빵집과 파리바게트 사이의 갈등 역시 역사적 관점에서 바라볼 필요가 있다. 이제는 동네 빵집의 원흉처럼 되어버린 파리바게트이지만 그 출발은 작은 동네 빵집이었다. 황해도 사람 허창성이 1948년 김일성을 피해 서울로 와서 을지로 4가에 문을 연 상미당 빵집이 파리바게트의 출발이다. 그 후 삼립 크림빵, 삼립 호빵으로 대박을 내 제법 큰 식품회사가 되지만, 그 유산은 첫째 아들에게 상속된다. 파리바게트는 둘째 아들 허영인이 성남의 작은 빵공장(샤니)을 물려받아 발전시킨 성취물이다. TV드라마 "제빵왕 김탁구"의 스토리 그대로인 셈이다.

사실 파리바게트의 성공에는 매우 극적이고 바람직한 요소가 많이 들어 있다. 샤니가 파리크라상이라는 베이커리 빵집을 시작할 때 이미 시장에는 고려당, 뉴욕제과, 신라명과 등 막강한 선발주자들이 있었다. 후발주자인 파리크라상이 이들을 모두 제치고 선두로 올라선 것이다. 제과업에 전문화한 기업이 실력만으로 삼성 계열 빵집인 신라명과, CJ 계열 빵집인 뚜레주르까지 제친 셈이다. 그것만으로도 갈채를 받을 만한 일이다.

파리바게트의 바람직함은 프랜차이즈 방식에도 배어 있다. 사실 빵집을 운영하는 일은 무척 고된 일이었다. 아침에 새로 구운 빵이 나와야 하기 때문에 새벽 서너시부터 반죽을 시작해야 한다. 또 기술 없는 은퇴자가 빵집을 할라치면 기술자인 제빵사들에게 휘둘리기 십상이기도 했다. 파리바게트는 그 어려움을 해소하는 방법을 개발했다. 본사는 반죽(생지)과 새로운 품목 개발과 브랜드 이미지 관리를 전담하고 가맹점은 오븐에 구워내기만 하면 되는 시스템인 것이다. 그 방식이 편하고 소비자의 구미에도 맞아, 기존의 빵집 주인들 또는 새로 빵집을 내려는 사람들이 파리바게트로 개업하기를 원했다. 이런 것이 바람직한 상생이고 동반성장이다.

이렇게 본다면 파리바게트가 동네 빵집을 몰아낸 것이 아니라 동네 빵집이 파리바게트로 간판을 바꾸어 달았다고 보는 것이 맞다. 파리바게트는 현대화된 동네 빵집인 셈이다.

노동자들의 처지에서도 파리바게트는 안정된 직장이다. 예전에는 제빵학원을 나와서 취업하려면 동네 빵집뿐이었고, 취직을 해봤자 월 70~80만 원을 받는 것이 고작이다. 연봉으로 따지면 1,000만 원도 안 된다. 그것도 언제 그만두어야 할지 모르는 임시직으로 말이다. 반면 SPC 그룹(파리바게트 소속 기업집단)의 초임 제빵기사 연봉은 2,100~2,200만 원에 달한다(http://www.parisbaker.co.kr/recruit/recruit_01.php). 그뿐만 아니라 SPC 그룹의 직원수는 이미 1만 명을 넘어섰다. 자세히 분석해야겠지만, 아마도 이 정도면 동네 빵집의 위축으로 없어진 일자리를 보충하고도 남을 듯하다.

이렇게 많은 기여를 하는데도 우리는 동네 빵집의 적이라 하여 이 기업을 손가락질한다. 바뀌지 못하는 동네 빵집이 안타깝지만, 그렇다고 파리바게트를 막아서 동네 빵집을 보호할 일은 아니다.

성공한 기업을 이런 식으로 대우하면 어떤 중소기업이 규모를 키우려고 하겠는가. 심지어 기업을 분할하거나 공장을 국외로 옮겨서라도 국내에서 중소기업의 자격을 잃지 않으려고 한다. 어렵사리 중견기업으로 성장한 ㈜와이지원 송호근 사장이 한 말이다. 중소기업으로 머무르며 정부로부터의 보호와 정책자금을 누리도록 만드는 현재의 정부정책이야말로 중소기업의 동물원이라고 부르는 것이 마땅하다.

한국경제가 도약하려면 중소기업들이 대기업으로 커야 한다. 그래야 경제의 역동성이 커지고 계층 이동도 원활히 일어날 수 있다. 이를 위해 무엇보다 필요한 일은 중소기업에서 대기업으로 크는 데 성공한 기업에 박수를 보내는 일이다. 불행히도 오늘날 한국의 분위기는 전혀 그렇지 못하다. 변화에 적응하지 못하는 자는 불쌍하다 여기고, 시대를 개척하는 자는 뒷자리 잡는 것이 민주화요 정의처럼 되어버렸다. 한국경제의 재도약은 이 분위기를 바꿀 때 비로소 시작될 것이다. 제빵왕 김탁구에게 그랬던 것처럼, 파리바게트와 풀무원에게 박수를 보내자.

도루코 면도기와 중소기업 보호

도루코를 아시나요?

도루코라는 상표의 면도기가 있었다. 요즈음 젊은 사람들은 면도기 하면 질레트를 떠올리겠지만, 도루코가 면도기의 대명사이던 시절이 있었다. 나처럼 쉰 살이 넘은 사람들은 대부분 이 면도기를 여러 번 써봤을 것이다.

    도루코! 발음 때문에 언뜻 들으면 일본 상표 같지만 순수한 한국 토종기업이다. 이 회사의 원래 이름은 동양경금속으로 1955년에 북한 출신인 탁시근이 세웠다. 상표인 'DORCO'는 동양경금속의 앞글자 'do', 면도기razor의 'r', 회사company의 'co'를 붙여 만들었다. 상표로 쓰다가 널리 알려지자 1990년에 회사명을 아예 도루코로 바꿨다.*

---

* 「파워 중견기업인 ⋯ 전성수 도루코 대표」, 『중앙일보』, 2012년 4월 14일자.

도루코 말고도 면도기 공급업체들이 몇 곳 더 있었지만 도루코는 단연 최고였다. 게다가 정부가 중소기업 고유업종이라는 보호막까지 쳐주었으니 국내 면도기 시장에서는 누구도 도루코의 아성을 넘볼 수 없었다.

그러나 좋은 시절이 영원히 가지는 못했다. 중소기업 고유업종 제도가 외국 제품까지 막아주지는 못했다. 1989년 면도기 시장이 개방되고, 세계적 브랜드인 질레트와 쉬크 같은 면도기들이 밀려들었다. 그 제품들은 국내시장에 안주하던 도루코와 품질부터 달랐다. 도루코가 2중 면도날에 머물러 있는 동안 그들은 3중 면도날을 가지고 들어왔다. 가격 역시 면도날을 덤으로 끼워주는 등 파격적인 공세로 밀고 들어왔다. 그다음 해 도루코의 매출은 10분의 1 수준으로 떨어졌다. 소비자들이 모두 질레트와 쉬크를 찾게 되자 결국 일반 매장에서 도루코는 완전히 자취를 감추고 말았다. 여관이나 군대 등에서 무료로 제공하는 저가품 시장에서만 겨우 명맥을 유지했다.

개방과 도루코의 변신

망할 지경에 이르자 도루코가 변하기 시작했다. 그들의 기술은 2중 면도날밖에는 만들지 못했기 때문에 3중 면도날을 앞세운 질레트와 쉬크를 당할 수가 없었다. 그래서 마음을 독하게 먹고 기술개발을 시작했고, 내친김에 아예 연구소도 만들었다. 그리고 기왕 하는 김에 3중,

http://article.joinsmsn.com/news/article/article.asp?total_id=7895550

4중 면도날을 건너뛰어 6중 면도날을 목표로 했다. 수많은 실패와 시행착오 끝에 6중 면도날까지 만들어내는 데 성공했다.

도루코도 3중 면도날이 좋은지는 진작부터 알고 있었다. 하지만 그 좁은 면도기 속에 면도날을 하나 더 집어넣으려면 엄청난 연구개발이 필요했다. 그런데 그럴 만큼 돈이 없었다. 게다가 정부가 진작부터 면도기 시장 개방을 예고했지만, 설마 어떻게 되랴 하는 마음이었다. 그러다가 개방을 맞고, 생사의 갈림길에 서게 되자 그때부터 변하기 시작했다. 연구개발을 위해 필요한 자금은 예전보다 훨씬 더 부족했다. 하지만 은행에 가서 굽실거려서라도 돈을 구해 기술개발을 해야 했다. 그리고 세계 최초로 6중 면도날을 만들어내는 데 성공한다.

상황이 조금씩 나아지는 듯했는데 IMF 외환위기가 닥쳤다. 내수에만 의존하던 도루코에는 그야말로 청천벽력이었다. 그나마도 시원찮던 매출은 아예 반 토막이 되어버렸다. 그렇게는 도저히 살아날 수가 없었다.

도루코는 또 한 번 모험을 시작했다. 국외로 진출하는 것이었다. 새로 만든 면도기를 들고 국외의 구매자들을 만나러 돌아다니기 시작했다. 그러다 보니 신기하게도 불가능할 것 같던 시장이 열리기 시작했다. 미국 K마트, 프랑스 까르푸, 영국 테스코 등 대형체인에서 유통업체 자체 브랜드로 또는 '페이스Pace'라는 고유 브랜드로 팔렸다. 이제 도루코는 120개국에 수출하는, 매출의 70퍼센트가 국외에서 나오는 세계적 기업이 되었다. 생산도 세계화되어 있다. 경기도 용인의 국내 공장 외에도 멕시코·중국·베트남에도 공장이 있다.

도루코의 교훈

도루코의 실패와 성공 이야기는 중소기업 문제에 대해서 여러 가지를 생각하게 해준다. 첫째, 중소기업을 국내의 대기업으로부터 보호할 수는 있지만, 외국 제품이나 외국 기업으로부터 보호할 수는 없다는 사실이다. 도루코에 치명타를 입힌 것은 1989년의 면도기 수입 개방이었다. 그런 사례는 얼마든지 있다. 전구나 형광램프 같은 조명기구를 중소기업 고유업종으로 보호했더니 결국 독일의 오스람과 네덜란드의 필립스, 미국의 GE 제품이 국내시장을 장악해버렸다. 문구류 역시 보호해줬더니 일본제 볼펜들의 판이 되었다.

제품만 그런 것이 아니다. 가게 자체가 그렇다. 동네슈퍼를 보호하기 위해 국내 대형할인점들의 SSM 진출을 막았더니, 이번에는 부산 등 남부지방을 중심으로 트라박스라는 일본계 SSM이 그 자리를 차지하고 들어왔다. 2012년 초 현재 이미 열 개 점포를 설치했다고 한다.

국제사회에 개방을 약속해놓고, 그 나라의 대기업이 만든 것이어서 안 된다는 말을 할 수는 없다. 대기업이어서 안 된다는 것은 한국에서나 통하는 논리일 뿐, 국제사회에서 통할 만한 규범은 아니기 때문이다.

둘째, 보호가 좋은 것 같지만 조금만 길게 보면 경쟁이 중소기업 자신에게 오히려 약이 된다. 도루코도 개방 이전에는 편안한 현실에 안주하느라 새로운 기술개발도 안 하고, 성장도 하지 않았다. 아니 성장을 하면 안 되는 처지이기도 했다. 성장해서 대기업이 되면 사업에서 철수해야 할 테니 말이다. 1989년 개방이 되어 절박한 상황이 되자

〈그림 13〉 부산지방에 진출한 일본계 SSM인 트라박스. 한국의 SSM이 규제된 틈을 비집고 진출했다.

자료: 『매경이코노미』, 2012년 5월 14일자.

그전까지 엄두가 안 나던 6중 면도날도 개발하고 국외 진출에도 성공했다.

외제품이 들어오는 것이 나쁘다는 것이 아니라 국내산업이 정체되는 것이 안타깝다는 것이다. 그렇게 되면 일자리도 늘지 않는다. 17명이던 도루코의 임직원 수는 개방 이후 340명으로 늘어났다. 계속 보호가 가능했다면 예나 지금이나 다름없이 중소기업으로 남아 있었을 것이다. 보호를 해주면 더 잘할 것 같지만, 기업을 보호 속에 안주하게 한다.

보호막 제거했더니 중소기업이 강해졌다

전경련 중소기업협력센터가 2006년 중소기업 고유업종 해제 이후 해당되는 중소기업들의 성과가 어떻게 변했는지를 분석한 적이 있다.* 382개 중소기업을 대상으로 한 결과는 일반의 기대를 뒤집었다. 해당 중소기업들의 매출액 증가율은 43.8퍼센트에서 51.2퍼센트로 높아졌고, 연간 자산증가율은 39.2퍼센트에서 56.1퍼센트로 상승했다. 영업이익증가율은 4.6퍼센트에서 59.2퍼센트로 놀랍게 높아졌다. 현실에 안주하던 기업들이 경쟁에 직면하자 기술개발, 경영혁신 등에 나섰기 때문이다.

그럼에도 중소기업들이 보호를 원하는 것은 당장 눈앞의 편안함을 원하기 때문이다. 사실 그런 성향은 대기업을 포함한 모든 기업, 더 나아가서는 모든 인간의 속성이다. 그래서 개방이 대부분 사람에게 잠재력 발휘의 기회가 됨에도 개방을 원하지 않는 것이다. 마치 자신을 위해 담배를 끊고 운동을 하는 것이 좋지만, 대부분 그러지 못하는 것과 마찬가지다. 공부하라는 엄마의 잔소리가 듣기 싫은 것과도 같다.

그런데도 과거의 제도를 중소기업 적합업종이라고 이름만 바꾸어 다시 들여오고 있다. 그럴수록 중소기업은 야성을 잃고 중소기업으로 머물러 있으려 할 것이다.

---

* 중소기업협력센터, 「중소기업 고유업종 해제 효과 분석결과」, http://www.fkilsc.or.kr/news/view.asp?ctype=news&idx=5659&page=3&search=&keyword=

유통업, 농업의 뒤를 따를 것인가*

유통산업의 낙후는 국민의 부담

한국의 유통업은 선진국보다 많이 낙후되어 있다. 이는 유통업 종사자의 1인당 부가가치를 비교해보면 금방 드러난다. 한국은 1만 7,000달러 수준인데(2007년 기준), 일본은 5만 8,000달러, 프랑스는 6만 7,000달러, 미국은 7만 3,000달러나 된다. 한국의 전자산업이나 자동차, 건설 등이 세계 최고 수준에 오른 것과는 매우 대조적이다.

〈표 12〉 국가별 도산매업종의 1인당 부가가치(2007년)

(단위: 천 달러)

한국	미국	일본	프랑스	독일
16.6	73.1	58.3	67.0	51.0

자료: 삼성경제연구소, 「서비스 산업 발전을 위한 기업과 정부의 과제」, 2009년 5월.

* 이 글은 『경기일보』, 2012년 6월 6일자 김정호 칼럼을 수정한 것이다.

낙후된 산업은 거기에 종사하는 사람들만의 문제에서 그치지 않고, 국민의 생활을 피폐하게 한다. 한국 소비자들이 비싼 농수산물 가격을 부담하는 것은 농업이 낙후되었기 때문이다. 그래서 청년들에게 일자리를 제공하지도 못하고, 세금도 제대로 내지 못한다. 오히려 다른 산업과 다른 국민이 낸 세금으로 농민들에게 보조금을 줘야 한다.

재래시장과 동네슈퍼, 중간도매상들로 대표되는 유통산업도 농업만큼이나 낙후되었다. 농수산물 가격이 뛸 때마다 문제가 되는 높은 중간 유통이윤이 바로 유통산업의 낙후가 가져오는 대표적 해악이다. 낙후되었기 때문에 생산성이 낮고, 그래서 제품 한 개당 유통이윤도 높아진다. 산지에선 값싼 와인이 한국에만 들어보면 고가품이 되는 이유도 술의 유통구조가 낙후했기 때문이다. 유통산업을 발전시키는 일은 한국이 해결해야 할 커다란 과제 중 하나다.

그런데 역설적으로 낙후된 산업은 새로운 기회가 넘쳐나는 곳이기도 하다. 유통이윤 단계가 복잡하다는 것은 유통단계를 단순화할 수 있는 여지가 크다는 말이다. 유통이윤이 높다는 것은 유통이윤을 줄일 가능성도 높다는 말이다. 유통과정이 비위생적이라는 것은 위생적으로 처리할 때 고객의 마음을 사로잡을 수 있다는 말이기도 하다. 대형할인점이 성공을 거둔 것은 바로 그런 일을 했기 때문이다. 유통단계를 단순화해서 중간이윤을 낮췄고, 음식물을 깨끗하게 처리해서 고객의 불안을 없애주었다. 즉 유통의 현대화, 유통혁명을 일으키기 시작한 것이 대형할인점들이다. 경제 전체의 흐름을 생각하면 장려해도 시원찮을 판에 어떻게든 유통혁명의 뒷다리를 잡으려고 혈안이 되어 있다.

'유통산업발전법'이라는 것을 만든 것으로 봐서 국회의원과 공무원들도 유통산업의 '발전'이 필요하다는 것을 알고는 있음이 분명하다. 그런데 그 법의 핵심을 들여다보면 '낙후유통업보호법'임이 금방 드러난다. 낙후된 재래시장이나 동네슈퍼를 보호하기 위한 장치들로 가득하니 말이다. 현대식 할인점을 만들려면 까다로운 허가 과정을 거쳐야 하고, 한 달에 몇 번은 강제로 휴무해야 한다. 19대 국회에서는 한술 더 떠서 저녁 9시에 문을 닫게 한다고 한다. 이 법이 내걸고 있는 유통 부문 간의 '균형 있는 발전'이란 실질적으로는 낙후유통업의 생명 연장을 뜻한다. 이래서 가격 폭등이 날 때마다 개탄해 마지않는 복잡한 유통단계와 높은 유통이윤은 어떻게 해결하려고 하는가.

낙후된 유통업만 보호하는 관련법

재래시장과 동네슈퍼의 영세상인들을 보호하고자 하는 취지는 충분히 이해가 된다. 하지만 서민 소비자와 청년 근로자들도 생각하길 바란다. 지금과 같은 유통산업에 청년들이 청춘을 걸 수 있겠는가.

우리의 유통업은 농업과 같은 길을 걷기 시작했다. 보호와 보조금이 없으면 지탱하기 어려운 산업이 되어가고 있다. 농업이 지금처럼 낙후된 산업이 된 데는 이른바 도시자본의 침투를 막는 정책이 크게 작용했다. 농업의 기업화는 아직도 금기다. 그런 곳에 대학 나온 젊은이들이 들어올 리가 없다. 결국 농업은 어르신들만 하는 산업이 되어버렸다. '할 것도 없는데 농사나 지어볼까?' 하는 식의 산업이 되어버린 것이다.

유통산업이 그런 전철을 밟기 시작했다. 유통의 '프로'들은 참여하지 못하고 아마추어들끼리만 경쟁하는 산업이 되어가고 있다. 할 것 없으면 하는 산업이라는 이미지가 굳어가고 있다. 이런 상황에서 유통업의 발전을 기대하기는 매우 어렵다.

동반성장을 못하게 하는 동반성장 정책

공생발전을 걱정하지만, 기존의 영세상인들과는 프랜차이즈 방식으로 상생을 도모하면 된다. 영세상인들이 소자본을 투자해서 성공 기업의 브랜드와 노하우를 공유하는 프랜차이즈 방식이다. 안타깝게도 유통산업발전법은 대형할인점과 소상인 사이의 상생 방법인 SSM까지 불법화해버렸다.

예를 들어 모 대형할인점은 SSM을 개점하는 영세상인에게 자본까지 대주는 제도를 만든 적이 있다. 소상인이 순수하게 자기 돈만으로 SSM 규모의 슈퍼마켓을 열려면 10억 이상 든다고 한다. 그런데 이 대형할인점은 비용의 80~90퍼센트를 본사에서 부담하고 SSM 운영자는 1~2억만 부담하도록 했다. 게다가 월수 450만 원을 보장하며 철회할 때 투자비의 90퍼센트를 환급해주는 조건도 내걸었다. 이것이야말로 동반성장의 모범 사례라고 할 만하다. 이런 조건이라면 웬만한 사람이라면 누구라도 SSM 규모의 슈퍼마켓을 할 수 있을 터였다.

그런데 유통산업발전법이 이 프로그램을 좌초시켜버렸다. 본사의 투자분이 50퍼센트를 넘으면 직영점으로 취급되어 아예 출점 자체가 금지되는 것이다. 이제는 최소한 5억 이상은 있어야 대형할인점의 프랜차이즈를 낼 수 있게 법이 강제해버린 것이다. 세상에 이런 법이 어디 있는가. 그런데도 이런 것이 동반성장이라는 이름으로 정당화된다.

유통혁명에 성공한 기업이 계속 점포를 늘려나갈 수 있도록 해야 한다. 그래야 소비자들은 좋은 제품을 구하고, 근로자들은 좋은 일자리를 구하게 된다.

한국은 홍콩이나 싱가포르처럼 쇼핑 천국이 될 수는 없을까. 정치권에 묻는다. 발전은 고사하고 아직 제대로 커보지도 못한 유통업을 벌써 애늙은이로 만들려고 하는가.

05
맏아들에게 박수를

가난한 집 맏아들 이야기

성공한 맏아들의 의무

2012년 초 『가난한 집 맏아들』이란 책이 베스트셀러가 된 적이 있다. 나도 몇 번 마주친 적이 있는 숙명여대 경제학과 유진수 교수의 글이라 유심히 읽어봤다.

거기서 맏아들은 성공한 대기업들을 빗댄 것이다. 가난하기 짝이 없는 나라 형편에 정부가 보호도 해주고, 돈도 대줘서 키웠으니, 이제 그 빚을 갚으라는 것이다.

빚을 갚아야 한다는 그의 말은 옳다. 대기업 가운데 상당수가 해방 직후 일본인이 남기고 간 귀속재산을 헐값으로 불하받아서 득을 봤다. 높은 관세·비관세 장벽을 쳐준 덕분에 국제시세보다 비싼 가격으로 국내시장에 팔 수도 있었다. 은행이 대부분 정부 통제 아래 있던 박정희 정권 시절에는 싼 금리로 은행 돈을 빌릴 수 있었고, 정부 보증의 외국 차관으로 장사해서 돈을 벌기도 했다.

이런 정책들 때문에 소비자인 일반 국민은 손해를 봐야 했다. 비싼 물건 가격을 감수해야 했고, 높은 은행 문턱도 참아내야만 했다. 대기업들은 국민의 희생으로 성장한 만큼 국민에게 '빚'을 갚을 책임이 있다는 이 책의 주장에 동의한다.

맏아들이 빚을 갚는 방법

그러나 이 책이 간과하고 있는 중요한 한 가지가 있다. 성공한 대기업들은 이미 다양한 경로로 국민과 성공의 과실을 나누어오고 있었다는 사실이다.

무엇보다 중요한 통로가 일자리다. 예를 들어 30대 그룹의 임직원 수는 106만 명에 이른다(2010년 기준). 근로자 한 명이 3인 가족을 이룬다고 생각하면 318만 명의 국민이 성공한 대기업의 이익을 나누어 누리고 있는 셈이다. 수백만 명에게, 그것도 누구나 받고 싶어하는 가장 좋은 대우로 빚을 갚고 있는 것이다.

규모를 정확히 파악할 수는 없지만, 협력업체 종사자들도 혜택을 나누어 받는 사람들에 속한다. 물론 대기업의 임직원들보다는 처지가 못하지만, 그래도 중소기업 중에서는 꽤 괜찮은 처지를 누리고 있다는 데 큰 이견이 있을 수 없다. 많은 중소기업이 대기업의 협력업체가 되기 위해 줄을 서 있다는 사실이 그것을 증명한다.

다른 경로로 직접 빚을 갚기도 했다. 1972년 박정희 정권은 8·3 조치로 대기업의 목숨을 살려주었다. 그러나 공짜가 아니었다. 기업

공개촉진법이라는 것을 통해 강제로 대기업의 주식을 일반에 매각하게 했다. 매각 가격은 시가보다 훨씬 낮은 수준이어야 했다. 수많은 사람이 낮은 가격에 공모주를 배정받았고, 그 사람들은 모두 재벌이 형성한 재산을 나눠 가진 셈이다.

1퍼센트밖에 안 되는 지분으로 99퍼센트를 지배한다 해서 대기업 오너의 낮은 지분율이 문제가 되고 있는데, 그것의 출발점은 바로 박정희 정권에서의 강제적 주식 매각 정책이었다. 그 후로도 여러 가지 수단을 동원해 '소유 분산' 정책을 지속하였고, 그 결과 오너의 지분은 지속해서 낮아질 수밖에 없었다.

그러다 보니 재벌 대기업이 벌어들인 이윤은 대부분 투자자들이 가져갔다고 봐도 지나친 말이 아니다. 오너의 지분이 1퍼센트라는 것은 배당 권리도 1퍼센트라는 말이다. 나머지 99퍼센트는 다른 투자자들의 몫이다. 성공한 기업일수록 수익률이 높고, 그것은 주식에 투자하는 사람에게 높은 수익으로 돌아간다. 회사채를 산 사람이나 대출을 해준 은행에는 안정된 수익을 보장해주는 것이기도 하다. 그렇게 혜택을 받는 사람들이 얼마가 될지 그 수를 일일이 셀 수는 없지만, 매우 많은 사람이 혜택을 받고 있을 것이다.

그것 못지않게 중요한 통로는 세금, 그중에서도 특히 이익에 대해서 부과되는 법인세다. 법인세 최고세율이 지금은 22퍼센트이지만, 상당 기간 25퍼센트 또는 27퍼센트였으니 이익의 4분의 1 정도는 국가에 세금으로 내온 셈이다. 그게 뭐 대단하냐고 할 수 있겠지만, 법인세수 총액의 78퍼센트를 상위 1퍼센트의 법인이 내고 있다는 사실

(2010년 기준)은 법인세가 성공한 대기업의 이익을 나누는 중요한 통로임을 웅변해준다. 물론 상위 1퍼센트가 전부 성공한 대기업은 아니겠지만, 대부분 그럴 것이다.

그런 것은 법적인 책임 아니냐, 법적 책임을 넘은 사회적 책임도 져야 하는 것 아니냐는 반론이 나올지도 모르겠다. 사실 법적 책임은 기업이 사회와 성공의 과실을 나누는 가장 확실하고 중요한 통로다. 하지만 그것을 넘어서도 성공의 과실은 나뉜다. 장애우나 처지가 어려운 가정을 돕는 일에도 성공한 대기업은 아마도 한국사회의 어떤 개인이나 조직보다 더 많이 투자한다고 봐야 한다. 대학 캠퍼스마다 좋아 보인다 싶은 건물들은 대개 대기업 이름을 달고 있다. 그 기업들이 지어줬다는 징표다.

어디 그뿐인가. 사격, 펜싱, 양궁, 체조 등 런던올림픽에서 좋은 성적을 거둔 종목 뒤에는 대기업의 후원이 있었다. 대형 오페라, 뮤지컬, 클래식 공연 등 돈이 많이 드는 예술공연도 후원자는 대부분 대기업이다. 대기업이 없으면 아마 스포츠도, 예술도, 대학도 지금과는 매우 다른 모습이었을 것이다. 성공한 맏아들은 이미 여러 가지 경로로 국민에게 빚을 갚아온 것이다. 아직도 구석구석 더 살펴야 할 곳이 많지만, 지금까지의 공은 인정해주는 것이 마땅하다.

맏아들의 역할과 정부의 역할

그럼에도 여전히 국민이 성공한 맏아들, 즉 대기업에 서운함을 느끼는 것은 5,000만 국민 중에 아직도 성공의 온기를 나눠 받지 못한 사람이 많기 때문일 것이다. 안타까운 일임이 분명하지만, 대기업이 5,000만 국민을 모두 책임질 수는 없다. 30대 그룹을 기준으로 한다면 아무리 넓게 잡아도 1,000만 명 이상에게 성공의 온기를 나눠줄 방법은 없다. 솔직히 말해서 온 국민을 챙겨야 할 책임은 국가 또는 정부에 있다. 그들을 위해 기업이 할 수 있는 일은 세금을 내는 것이다. 그 돈을 효과적으로 써서 굶는 사람을 구제할 책임은 정부와 정치인의 몫이라고 봐야 한다. 지금 우리는 국가가 제대로 하지 못한 책임을 성공한 대기업에 모두 떠넘기는 지경에 와 있다.

맏아들은 억울하다

사실 성공한 대기업들에게는 질타보다는 칭찬이 필요하다. 보호와 지원을 받은 것은 성공한 대기업만이 아니다. 수많은 다른 기업도 정부의 보호와 지원을 받았다. 하지만 대다수는 실패했고, 크게 성공해서 지금의 대기업에 이른 경우는 극히 일부분에 불과하다. 그렇게 하여 좋은 일자리를 제공하고, 법인세 대부분을 내고 있다.

농업을 한번 생각해보자. 한국의 농민은 대부분 철저한 보호와 지원을 받아왔다. 많은 농산물이 아예 수입 대상조차도 되지 못한다. 그러다 보니 소고기와 쌀 등 농수산물 가격은 세계에서 가장 높은 지경이 되었다. 당연히 그 부담은 소비자들에게 돌아간다. 문제는 그렇게 해온 지가 수십 년이 되었지만, 아직도 농산물의 가격이 내려갈 기미를 보이지 않는다는 것이다. 대다수 농민이 보호와 지원을 너무 당연한 것으로 여기기 때문이다. 보호와 지원을 받았으니 열심히 노력해서 경쟁력을 국제수준으로 높여야겠다는 마음을 먹지 않기 때문이다. 그러다 보니 농업은 이제 소비자와 국가에 큰 짐이 되어버렸다.

매우 다행인 것은 모든 농민이 그런 것은 아니라는 사실이다. 김홍국이라는 농민을 소개하고 싶다. 그는 초등학교 5학년 여름방학 때 외할머니가 주신 병아리 열 마리를 키우는 일로 축산을 시작했다. 그날 이후 홍국은 병아리 키우는 일에 빠져든다. 그는 눈만 뜨면 벌레며 개구리를 잡아다주며 정성으로 병아리를 키웠다. 다 키운 닭을 겨울방학에 장에 내다 팔아 다시 병아리 100마리를 샀다. 그것을 키워 다시 돼지를 사고…… 대학도 안 가고 늘려온 닭과 오리의 숫자가 이제는 2억 마리가 되었다. 식품기업 하림의 이야기다. 10개 계열사, 연매출 3조 5,000억 원에 협력농가도 600개나 된다.

축산과 가공, 마케팅을 통합해서 원가를 낮췄고, 춤추는 가격등락도 상당히 극복했다. 그 덕분에 이제 최소한 육계산업은 시장개방을 해도 크게 걱정하지 않아도 될 수준이 되었다. 김홍국이라는 농민 기업가의 역할이 컸다.

농민 김홍국은 농민 중에서 성공한 맏아들인 셈이다. 그리고 그는 일자리와 좋은 제품과 세금으로 국민에게 보답하고 협력농가들에게도 좋은 기회를 주고 있다.

그렇게 생각하면 성공한 대기업들은 대견한 맏아들이다. 그런데도 기업이 성공해서 규모가 커지고 나면 세상은 의심과 증오와 질투의 눈길을 보내기 시작한다. 공식적인 법과 제도 역시 성공한 기업들에게 불이익을 가하기 시작한다. 물론 성공한 자는 견제하고 실패한 자는 동정하는 것이 인간 본성의 자연스러운 일부이긴 하지만, 그러다 보면 성공에 대한 동력이 줄어들 수 있어 걱정이다. 지난 30여 년간 한국에서는 그런 일이 진행되어오고 있다.

피터 팬의 나라

동화 속의 피터 팬처럼 성장을 멈추는 증상을 피터 팬 증후군이라 한다. 안타깝게도 한국의 중소기업들이 그 병을 앓고 있을 확률이 높다. 국제비교를 해보면 그 증거가 드러난다. 한국경제연구원 황인학 박사에 따르면 인구 1만 명당 대기업(종업원 500명 이상 기준) 수는 한국이 0.07개인데, 일본은 우리의 두 배인 0.14개이고 독일은 0.21개로 우리의 세 배나 된다. 반면 소기업의 수는 그 나라들보다 훨씬 많다. 중소기업들이 대기업의 문턱을 넘고 싶어하지 않은 것이 큰 이유 중 하나다. IBK경제연구소가 중소기업 졸업단계에 있는 우량업체들을 대상으로 설문조사를 했는데,* 응답 기업인의 55퍼센트가 사업 축소나 외형확대 포기 등의 방법으로 중소기업 범주에 남겠다고 대답했다. 면접원에게 답을 한 사람들이 그 정도니, 속마음을 읽을 수 있다면 더 많을지도 모른다.

중소기업의 영국과 대기업의 미국

기업가들의 성장 욕구가 국력에 어떤 영향을 주는지는 영국과 미국의

---

* 황인학, 「대기업이 되고 싶지 않은 169가지 이유」, 한국경제연구원, KERI Column, 2011년 9월 11일, 4쪽.

경제사를 비교해보면 극명하게 드러난다. 20세기 초까지 영국경제는 세계 최강이었다. 18세기 말 제임스 와트James Watt의 증기기관이 성공한 후 영국에서는 기업이 우후죽순으로 등장했으며, 그들이 영국을 세계 최강의 경제국가로 만들어냈다. 그런데 오늘날의 관점에서 보면 영국기업가들에게는 특이한 점이 있었다. 종업원 규모가 300~400명에 이르면 기업을 더는 키우려 하지 않았던 것이다.* 그때부터는 전형적인 영국 신사Gentleman로의 변신을 즐겼다. 저택을 마련한 후 문인, 예술가들과 어울려 시와 예술을 논했다. 돈을 벌면 양반 족보를 사서 벼슬길에 오른 조선의 상인들과 비슷한 모습이다.

그러나 미국은 달랐다. 기업을 수천 명, 수만 명 규모로 성장시킨다고 해서 문제될 것이 없었다. 록펠러의 정유기업, 카네기의 철강기업, 밴더빌트의 철도기업이 선발 영국기업들을 모두 젖히고, 세계 최고 기업이 될 수 있었던 것은 미국의 그 같은 사회 분위기가 크게 작용했다. 그리고 그것이 후발주자인 미국의 경제를 세계 최강으로 만들어 주었다.

성공한 맏아들이 더 많이 나오게 하자

제법 성공을 거두긴 했지만, 한국은 아직도 갈 길이 멀다. 중국과 일본의 틈에서 제 목소리 내고 살려면 지금보다 훨씬 크고 강한 경제가 필요하다. 그러기 위해 대기업이 지금보다 더 많이 나와야 한다. 삼성전

---

* 요네쿠라 세이이치로, 양기호 옮김, 『경영혁명: 제임스 와트에서 빌 게이츠까지』, 소화, 2002, 72~73쪽.

자, 현대자동차처럼 세계시장에서 성공한 기업들이 지금의 두세 배는 더 많이 필요하다. 그것이 선진국의 모습이기도 하지만 또 그래야 우리가 겪고 있는 청년실업 문제, 복지재원 부족 문제 같은 것들도 해결할 수 있다.

그러자면 지금의 중소기업들이 대기업으로 크고 싶은 분위기를 만들어야 한다. 대기업으로 크는 데 성공한 기업들에게 축하와 격려의 박수를 보내주어야 한다. 세계 어느 나라보다 성공한 맏아들이 많은 나라, 그런 자랑스러운 한국을 그려본다.

이게 낙수 효과 아니면 뭐야?

낙수 효과가 없다고 아우성들이다. 수출 대기업의 실적이 사상 최대를 기록했는데 중소기업은 죽을 지경이고, 내수는 바닥을 치고 있으니 그런 오해가 생길 만하다.

하지만 재벌이 성공해서 경제의 모든 어려움이 사라지는 낙수 효과는 애초에 없다. 낙수 효과는 그보다는 작은 규모로 조용히, 그러나 분명히 작동한다.

첫째는 해당 기업의 임직원들을 통한 낙수 효과다. 삼성전자와 현대자동차 임직원은 지난 몇 년 살맛이 났을 것이다. 연봉도 높은데다가 성과급까지 푸짐하게 얹어서 받을 테니 말이다. 그런 사람들의 수는 30대 재벌을 다 합치면 106만 명이다. 그들의 가족까지 포함시키면 300만 명 남짓이 재벌의 성공으로 낙수 효과를 누리고 있는 셈이다. 또 그 사람들이 시장과 마트와 백화점에서 돈을 썼을 테니 거기서도 낙수 효과는 나타났을 것이다.

사실 재벌기업은 한국 중산층 양산 공장이다. 돈 없어도 사람만 똑똑하면 부장, 이사, 사장으로 승진해서 부자가 되는 길을 열어준 곳이 바로 재벌기업이다. 이 부분을 빼고 낙수 효과를 논할 수는 없다.

둘째는 협력업체들이 누리는 낙수 효과다. 납품단가 후려치기 논란이 있기는 하지만, 재벌 대기업은 중소기업이 성공할 기회를 노릴 수 있는 가장 좋은 사업대상이다. 예를 들어 현대자동차의 1차 협력업체들은 요즘 연간 22조 원에 달하는 매출을 기록하고 있다. 기술개발에 성공해서 현대차뿐만 아니라 닛산이나 도요타 같은 외국의 자동차 업체에도 부품을 납품하기 시작했다. 최고의 낙수 효과인 셈이다. 삼성전자의 협력업체들 역시 마찬가지다. 1차 협력업체 중에는 1조 원대 규모의 매출을 기록하기에 이르렀을 정도다. 그 기업의 임직원들도 살림살이가 풍족해졌을 것임이 분명하다. 정확히는 알 수 없지만, 그 숫자가 최소한 모기업 임직원만큼은 될 것이다. 거기서도 낙수 효과는 작동하고 있다.

이런 사정은 통계로도 입증된다. 2000년 이후 10년간 일반 중소기업의 순이익률은 2.4퍼센트인데, 대기업과 하도급관계인 중소기업은 4.65퍼센트로 두 배나 높다. 4.65퍼센트는 대기업 원사업자의 순이익률 4.74퍼센트와도 거의 차이가 없는 숫자다. 재벌비판이 전문인 경제개혁연구소의 연구결과니 의심의 여지가 없는 숫자다.*

---

* 위평량, 「대기업과 중소기업(하도급기업 및 일반중소기업) 간의 경영격차 분석과 시사점」, 『경제개혁연구』 2011-26, 경제개혁연구소, 2011년 12월 27일.

재벌기업의 주식을 보유했거나 거래한 투자자들 역시 낙수 효과를 톡톡히 누렸을 것이다. 주가가 높아져 돈을 번 것은 물론이고, 배당 역시 푸짐하게 챙겼으리라. 수십만 명일지 수백만 명일지 정확히 알 수 없지만, 그들이 모두 부자라고 할 수는 없을 테니, 매우 많은 사람에게 낙수 효과가 미쳤을 것임을 짐작할 수 있다.

세금 또한 낙수 효과가 미치는 중요한 통로다. 성공한 재벌기업들은 한국에서 법인세를 가장 많이 내는 납세자들이다. 그 임직원들도 연봉과 성과급이 높은 만큼 소득세를 많이 낸다. 아마도 그들이 법인세와 소득세의 80퍼센트 이상을 부담했다고 봐도 크게 틀리지는 않을 것이다. 그 돈이 복지예산으로도 쓰이고 교육예산으로도 쓰인다. 그것까지 고려하면 매우 많은 사람에게 낙수 효과가 미치고 있는 셈이다.

이처럼 명백하고 막대한 낙수 효과가 있는데도, 눈뜬 장님처럼 보지 못하는 이유는 무엇일까. 그것은 모든 경제문제의 책임을 재벌에게 돌리는 습관 때문이라는 생각이 든다. 지니계수가 악화된 가장 큰 이유는 노인빈곤의 증가 때문인데, 그것도 재벌 때문이라고 몰아붙인다. 중소기업이 클 수 있는 가장 좋은 통로가 대기업의 협력업체가 되는 것이다. 그런데 중소기업의 모든 어려움을 재벌 탓으로 돌리곤 한다. 그러다 보니 이미 작동하고 있는 낙수 효과는 눈에 들어오지도 않게 되었다.

재벌기업의 직접적인 영향을 받는 사람의 숫자는 아무리 많아도 1,000만 명을 넘어갈 수 없다. 그리고 그것으로 충분하다. 모든 국민이 재벌의 혜택을 직접 받으려 한다면 결국 모든 국민이 재벌기업에 취업하고, 모든 중소기업이 그곳의 납품기업이 되어야 한다. 그야말로 재벌이 모든 것을 지배하는 상태가 된다. 그걸 원하는 것은 아니지 않은가. 그렇다면 낙수 효과도 지금 정도로 만족하는 것이 옳다.

있는 경제민주화부터 잘 챙겨보라

경제를 민주화한다고 모든 이가 목청을 돋우고 있다. 당황스러운 것은 그 뜻이 무엇인지조차 분명하지 않다는 사실이다. 사람마다 그 용법이 다르다. 가장 자주 등장하는 뜻은 재벌개혁이다. 재벌 해체론에서부터 순환출자 해소, 출자제한제 부활, 일감 몰아주기 규제 등 재벌 두드리기는 경제민주화의 단골 메뉴다.

이와 관련하여 중소기업 지원과 보호 제도도 자주 등장한다. 또 부자증세, 즉 부자들에게 세금을 많이 거두자는 것도 들어간다. 대충 훑어보면 잘나가는 자는 누르고 빼앗고, 불쌍한 자는 보호하고 도와주자는 것이 경제민주화의 내용인 것 같다. 그런데 그러한 의미의 정책이라면 우리는 이미 초강력 경제민주화 정책을 많이, 그것도 아주 많이 가지고 있다.

상위 1퍼센트가 소득세 45퍼센트 납부

제일 이해하기 쉬운 세금 문제부터 생각해보자. 한국의 직접세는 이미 지나치게 '민주화'되었다. 소득세는 가진 자들만이 내는 세금이 되어 버렸으니 말이다. 대기업의 상위 1퍼센트가 전체 법인세의 80퍼센트를 부담한다. 개인 소득세는 상위 1퍼센트가 전체의 45퍼센트를 부담한다.* 자영업자의 상위 7퍼센트가 종합소득세의 85퍼센트를, 근로소득자 상위 12퍼센트가 전체 근로소득세의 85퍼센트를 각각 낸다. 반면 전체 근로소득자와 자영업자의 40퍼센트가량이 세금을 한푼도 내지 않는다.**

거칠게 정리하자면 이렇다. 상위 1퍼센트가 소득세의 절반을, 상위 10퍼센트가 40퍼센트를, 그 아래 중산층을 이루는 상위 10퍼센트에서 60퍼센트까지(납세자의 절반)가 10퍼센트를 낸다. 하위 40퍼센트는 아예 안 내는 것이 한국 소득세의 구조다. 가진 자의 것을 빼앗는 것이 민주화라면 한국의 직접세는 과도할 정도로 민주화되어 있다.

세계 최강의 수도권 집중 억제책

지역 사이의 민주화도 한국은 세계 최고 수준이다. 한국은 세계에서 가장 강력한 수도권 집중 억제정책을 시행하고 있다. 프랑스, 일본 같은 중앙집권적 국가들이 한때 수도권 규제정책을 편 적이 있었지만,

---

* 『한국경제신문』, 2012년 5월 28일자. http://s.hankyung.com/news/app/newsview.
  php?aid=2012052807251&type=&nid=291&sid=0101
** 김종수, 「증세의 역설」, 『중앙일보』, 2012년 2월 8일자.

이제는 방향을 완전히 돌려서 대도시 경쟁력 강화정책을 펴기에 이르렀다. 그러나 한국은 수도 이전까지 하는 마당에 아직도 수도권 규제에 집착하고 있다. 이제는 인구도 줄고 있으니, 외자를 유치하기 위해서라도 부분적으로나마 규제를 풀자는 제안이 자주 나온다. 하지만 지방정부들이 절대 안 된다고 들고일어나니 어림없는 일이 되어버렸다. 지역정책의 민주화 역시 세계 최고 수준이다.

세계 최강의 중소기업 보호책

중소기업 보호정책은 어떤가. 이것 역시 한국은 세계에서 가장 강력한 수단을 가지고 있다. 중소기업에 주어지는 혜택이 160개에 달한다. 중소기업을 지원하기 위해 쓰이는 정부 예산은 9조 7,000억 원이고, 정부 조달 예산 중 중소기업 제품을 구매하는 금액은 67조 7,000억 원이다. 중소기업 고유업종이라는 것은 WTO 규범 위반을 걱정해야 할 정도로 정치적인 제도여서 2006년에 폐지됐는데, 중소기업 적합업종이라는 이름으로 부활했다. 모든 나라를 확인해보지는 않았지만 미국, 일본, 독일, 영국, 프랑스 등에는 한국 같은 중소기업 보호제도를 둔 나라가 없다.

크다는 이유만으로 죄가 되는 재벌

재벌정책 역시 한국은 단연 세계 최강이다. 한국은 자산규모 5조 원 이상의 기업집단에 대해서 공정거래위원회가 집중적으로 감시와 규제를 하고 있다. 이것을 일반집중규제라고 한다. 일반집중이란 한 기업 또는 기업집단이 한 나라의 경제에서 차지하는 비중을 말한다. 한국은 특이하게도 이 일반집중을 규제한다. 특히 재벌기업집단을 규제한다.

물론 다른 나라에도 경제력 집중에 대한 규제는 있다. 하지만 그것은 단순히 크기 때문이 아니라 독점력 때문이다. 즉 하나의 시장에서 독점력을 행사할 때 규제하는 것이다. 이런 것을 일반집중과 구별하여 시장집중이라고 한다. 예를 들어 마이크로소프트의 윈도 미디어 끼워팔기에 대한 재판 같은 것이 그것이다. 이 판결이 과연 잘됐는지에 대한 논란의 여지가 크지만, 우리가 관심을 두어야 할 것은 문제의 포인트다. 그들은 마이크로소프트가 커서 문제시하는 것이 아니라 반경쟁적 행위를 했는지를 따지는 것이다. 록펠러의 스탠더드오일, AT&T 같은 기업이 분할까지 된 이유는 크기 때문이 아니라 경쟁을 촉진한다는 목적이 있었다.* 그런데 한국에서는 기업의 규모가 큰 것이 죄가 된다.

이스라엘은 약과다

최근에 한국 말고 이런 나라가 또 생겼다. 바로 이스라엘이다. 국민이 아우성을 치자 은행과 다른 산업을 같이 가진 재벌들은 두 개를 분리하는 방향으로 제도 개편을 시작한 것이다. 그런데 이 정도의 규제는

---

*이런 조치들이 과연 실제로 경쟁을 촉진했는지는 의문의 여지가 크다. 이에 대한 상세한 논의는 나의 저서, 『누가 소비자를 가두는가: IT 산업에서의 경쟁과 독점』, 교보문고, 2007, 100쪽.

한국에 비하면 걸음마 수준이다. 그 정도의 경제 '민주화'라면 한국은 이미 50년 전에 마쳤다.

박정희가 쿠데타로 집권하고 가장 먼저 실시한 경제정책이 은행 국유화다. 1957년 이승만이 귀속주 매각을 통해 민영화한 조흥, 상업, 제일, 한일은행의 네 개 시중은행을 4년 후 박정희가 다시 국유화한 것이다. 국유화 이전 네 개 시중은행의 지배주주 또는 소유주는 제일은행은 정재호(삼호그룹), 조흥은행과 한일은행은 이병철(삼성그룹), 서울은행(현 하나은행)은 이정림(개풍그룹)이었다.

1981년 은행 민영화가 시작되지만, 재벌은 그 대상에서 제외되었다. 그게 금산분리 원칙이다. 이스라엘은 우리가 이미 50년 전에 시작한 규제를 이제 시작해서 세계의 언론을 장식하고 있다.

박정희의 더 화끈한 재벌 '민주화'는 강제 기업공개제도다. 1972년 8월 3일, 박정희는 사채동결 조치를 통해 고리사채 때문에 망하게 생긴 기업들을 살려준다. 하지만 공짜는 없는 법이라 바로 이어서 기업공개촉진법을 만들어 재벌기업의 주식을 일반 국민에게 매각하도록 강제했다. 물론 값은 싸야 했다. 시가발행이 아니라 액면가 발행, 그게 공모주다. 바로 이 강제 기업 공개정책은 기업의 재산(당시는 오너의 재산)을 국민에게 직접 나눠주는 정책이었다. 이것만 한 '민주화'를 찾을 수 있는가.

그런데 흥미로운 것은 강제적 기업공개정책과 소유분산정책 때문에 오너의 지분율이 낮아졌고, 지분율을 낮추는 것이 정부와 국민의 공감대였는데, 지금에 와서는 지분율이 낮다고 공격하기 시작했다.

한국 재벌이 받는 규제는 그것 말고도 아주 많다. 내부거래는 '부당'해서는 안 되며, 이사회의 일정 비율 이상을 사외이사로 채워야 하고, 보험 등 금융회사 보유 계열사 주식은 의결권이 제한된다. 감사와 감사위원을 선임할 때는 대주주의 의결권은 3퍼센트로 제한되는 등 규제가 많다. 아무튼 공정거래법과 증권거래법의 상당 부분이 재벌을 규제하는 내용으로 채워져 있다.

경제민주화는 새삼스러운 일이 아니다. 정치논리에 따른 시장 개입을 경제민주화라고 본다면 한국은 이미 박정희 정권 때부터 강력한 경제민주화를 해왔다. 그러니 새삼스레 민주화를 소리 높이기에 앞서 우리가 어떤 경제민주화를 해왔는지부터 살펴보자.

06
대기업 총수도 당당히 나서라

오너경영과 전문경영

한국인은 재벌의 오너들이나 총수들에 대해서 매우 안 좋은 감정이 있다. 재벌에 쏟아지는 비난도 따지고 보면 재벌 자체를 겨냥한다기보다 오너를 겨냥한다고 보는 것이 정확하다. 규모가 크고 많은 문어발을 달고 있는 등 KT나 포스코도 다른 재벌들과 비슷한 모습을 하고 있는데, 그런 곳에 비난의 화살이 향하지는 않는다. 오너가 없기 때문이다. 한국사회에서 대기업이나 재벌의 오너들은 악한처럼 되어버렸다.

안철수도 오너다

특이하게도 오너이면서 존경받는 사람이 있다. 안철수 원장이다. 그는 한국 최대 컴퓨터 보안업체의 창업자이자 최대주주다. 그런데도 그가 오너라는 사실은 전혀 문젯거리로 등장하지 않는다.

　2011년 11월 14일 안철수는 2,500억 원에 해당하는 주식을 기부했다. 자기가 가진 안철수연구소 주식 37.1퍼센트의 절반이다. 기부의 새로운 지평이 열리는 순간이었다. 사회 지도층 기업인이 개인 기부를 하는 일이 그리 많지 않은 상황에서 매우 고무적인 일이었다.

그런데 여기서 한 가지 의문이 든다. 왜 더 많이 기부하지 않았을까? 나머지 주식의 가치도 2,500억 원인데, 그 많은 돈을 다 어디에 쓰려는 것일까? 사실 이런 말을 하면서 나도 약간은 낯이 뜨겁다. 그렇게 인격이 훌륭한 분이 돈 때문에 주식을 남겨놓지는 않았을 것이다. 실제로도 안철수는 주식 전체를 기부하려고 했다. 그런데 그렇게 되면 안철수연구소가 적대적 M&A에 노출될 위험이 있기 때문에 지분 18.6퍼센트는 남기기로 했다는 것이다. 그걸 통해서 안철수연구소의 창업정신을 이어가겠다는 것이다.

안랩의 전문경영인들은 안철수의 창업정신에서 벗어나서는 안 된다. 만약 그렇게 된다면 최대주주이자 이사회 의장인 안철수가 나서서 전문경영인인 대표이사를 해임하게 될 것이다.

이것은 많은 사람이 이상적이라고 여기는 미국식 제도와는 차이가 난다. 미국식 제도란 대주주 없이 전문경영인이 주도권을 갖는 제도이기 때문이다. 반면 전문경영인에게 경영을 맡기더라도 최종적인 평가와 승인권은 대주주가 가지는 것이 한국적 시스템이다.

안철수와 이건희의 차이

그런 의미에서 본다면 황제경영으로 비난의 화살을 받아온 삼성그룹도 전문경영인 체제다. 최지성, 이학수, 윤종용, 진대제 같은 사람이 모두 전문경영인이고 그들이 회사의 일상사를 결정한다. 대주주인 이건희 회장이 회사의 일상 경영에 관여하는 일은 거의 없다. 그가 하는 일은 선문답 같은 방식으로 큰 방향만 결정하는 것이다.

그다지 다를 것이 없는데도 안철수는 존경을 받고 이건희는 황제라고 비난을 받는 이유는 무엇일까. 아마도 스타일의 차이, 소통 능력의 차이 때문일 것이다. 안철수는 대중의 공감을 받는 행동과 말과 표정을 잘 구사하는데, 이건희는 별로 그렇지 못하다. 말을 잘 안 하는데다가 그나마도 매우 어눌하고 사람을 가르치는 듯한 느낌을 강하게 풍긴다. 그런 차이가 있기는 해도 (주)안랩과 삼성그룹은 대주주가 감시하는 전문경영인 체제라는 점에서 같다.

사실 이 기업들 말고도 다른 많은 기업이 전문경영인에 의해 경영되고 있다. 그리고 웬만한 재벌기업들은 너무 커서 개별 회사의 일에 총수가 일일이 관여할 수도 없다. 전문경영인 체제는 이미 이 땅에서 상당히 자리를 잡아가고 있다.

하지만 아무리 내가 이런 말을 해도 오너가 존재하는 한 사람들이 오너에 대해 가지는 감정은 그리 달라지지 않을 것 같다. 결국 재벌 비판자들이 궁극적으로 원하는 것은 오너가 사라지는 것이다. 아마도 그 사람들이 머릿속에 그리고 있는 가장 이상적인 형태의 기업은 1990년대의 기아자동차 같은 기업일 것이다.

기아자동차와 오너경영

당시 기아자동차는 국민기업이라고 떠받들어졌다. 오너가 지배하는 다른 대다수 대기업과 달리 이 회사는 민주적으로 경영되기 시작했다. 김선홍이라는 전문경영인과 노조가 권력을 분점했으니 그보다 더 민주적일 수 없었다. 각종 정책자금으로 우대를 받았고, 많은 정치인이 밀어줬기 때문에 은행으로부터 특별대우를 받을 수 있었다. 그러나 문제는 성과였다. 오너가 있던 시절 봉고차로 상승세를 잡은 적이 있었지만, 국민기업이던 시절에는 그런 히트작이 나오지 않았다. 원가는 높고 품질은 높아지지 않았다. 아무리 정부가 지원해도 매출이 일어나지 않는 데는 도리가 없었다. 결국 부도를 내고 IMF 외환위기의 도화선 가운데 하나가 되고 말았다.

그런데 그 기아차가 이제 펄펄 날고 있다. 불량률은 낮아지고, 디자인은 세계적 수준으로 업그레이드되었다. 매출과 이익 역시 날개를 달았다. 이런 반전은 현대자동차에 인수된 이후 일어났다. 현대차의 기아차 인수는 전문경영인 방식의 종식을 뜻했다. 그 대신 정몽구라는 오너의 지배를 받게 되었다. 정몽구는 아버지 정주영을 빼닮아서인지 독재자 스타일이다. 정기 인사철과 무관하게 사장마저 갈아치우는 '번개 인사'를 단행한다. 품질을 최우선 가치로 내걸고 현장 구석구석까지 찾아다니며 문제가 생기면 해결될 때까지 압박을 가한다. 그게 세계적인 찬사를 받고 있는 '품질경영'이다. 국민기업이던 당시의 전문경영인 체제와는 천양지차다. 하지만 그 덕분에 기아자동차는 세계적 자동차 업체로 승승장구하고 있다.

승자는 시장이 결정한다

오너 체제와 전문경영인 체제는 저마다 장단점을 안고 있다. 오너 체제는 2세, 3세로 넘어가면서 경영능력이 떨어질 가능성이 높아지는 단점이 있다. 그러나 일사불란하게 움직이는 장점이 있다.

사실 황제경영이라는 것도 장단점이 있다. 총수 앞에서 말도 제대로 못하고 설설 기어야 하는 등의 장면은 꼴불견이다. 보기 흉함을 넘어 회사 성과에도 치명적 함정이 될 수 있다. 하지만 황제경영이 모두 나쁜 것은 아니다. 신속한 결정과 집행은 황제경영에서만 가능하다. 삼성전자가 1995년에 시작해서 초일류기업으로 전환하는 과정, 현대기아자동차의 품질이 세계적 수준으로 높아지는 과정은 황제경영이 아니고는 이루어내기 어려운 것이었다.

일본의 소니를 보라. 이렇게 가면 안 된다는 것을 알면서도 방향을 바꾸지 못하고 있다. 누구도 그 거대한 조직을 돌릴 수가 없기 때문이다. 그러나 한국의 재벌들은 된다. 황제가 한마디 하면 그 거대한 공룡이 방향을 바꾸기도 한다.

전문경영인 체제는 유능하고 경험 많은 경영자를 활용할 가능성을 높이지만, 지분은 1퍼센트도 없는 전문경영자이기에 회사의 재산을 교묘하게 빼돌리는 등 도덕적 해이 가능성도 높아진다. 유능한 경영자는 개인적 이익을 추구하는 데도 유능할 것이기 때문이다.

그래서 기업을 누가 어떻게 경영할지는 상황에 따라 달라야 하고 또 실제로도 다르다. 같은 오너 체제라 해도 한국의 것과 일본의 것, 중국의 것이 다 다르다. 전문경영인이 운영하는 기업이라 해도 그 구체적 방식은 나라마다 기업마다 다르다.

세계를 둘러보면 우리가 이상적으로 여기는 전문경영인 체제, 즉 대주주 없이 전문경영인이 경영의 전권을 가지고 회사를 운영하는 체제(그리고 선단식 구조가 아니라 독립기업 위주의 체제)는 미국과 영국에서만 나타나는 체제임을 발견하게 된다. 그래서 학자들은 그런 현상을 미국 예외주의American Exceptionalism라고 한다.

앞으로는 한국의 오너 체제도 달라지리라고 생각한다. 가장 최근에 대기업그룹의 오너가 된 강덕수 회장의 발언은 그런 예측을 가능하게 한다. "우리나라에서도 유럽 기업 오너들이 '최대주주'(메인셰어홀더)라고 쓰인 명함을 갖고 다니는 것처럼 될 날이 머지않았다"고도 말했다. 지분(주식)은 자식에게 물려주겠지만, 그룹 총수 자리는 자식이 아니라 전문경영인에게 넘기겠다는 것이다.* 정말 그렇게 될지는 두고 봐야 알 일이지만, 기존의 오너들과 비교해 상당한 변화인 것만은 사실이다. 하지만 그렇더라도 STX의 전문경영인 체제 역시 대주주가 없는 미국식 전문경영인 체제와는 다른 어떤 것이 될 것이다.

오너 체제든, 전문경영인 체제든 또는 그 중간의 어떤 것이든 환경에 적응한 결과물이다. 어떤 것이든 좋은 제품과 서비스를 낮은 원가에 만들어낼 수 있는 쪽이 승리할 것이고 또 그래야만 한다.

---

* 강덕수, 2011년 5월 1일 STX 그룹 출범 10돌 기념 중국 다롄 기념식장에서 한 인터뷰. http://article.joinsmsn.com/news/article/article.asp?total_id=5429933&cloc=olink|article|default

가업 승계는 자연스럽다*

『파산 직전에 죽어라Die broke』. 1998년 미국에서 베스트셀러가 된 책 제목이다. 재산의 절반을 세금으로 바치느니 다 써버리고 죽는 편이 낫다는 내용이다. 하지만 '다 써버리고 죽으면' 그 결과는 무섭다. 자본이 줄고 일자리와 노동자들의 소득에도 악영향을 준다. 상속세는 폐지하는 것이 정답이다. 그 대신 상속받은 재산에 대해 소득세 성격의 세금을 매기는 것이 옳다. 상속재산이 기업일 경우 처분할 때 세금을 매기는 방법도 있다.

상속은 자연스러운 본능이다. 자손을 남기고 번성하게 하는 일은 모든 생물에게 주어진 위대한 본능이자 과업이다. 그 본능 덕분에 지구는 셀 수 없이 많은 생명으로 가득 차 있고, 또 지속해서 새로운 종

* 이 글은 『한경비즈니스』, 2009년 5월 25일자에 게재되었다.

들이 등장하기도 한다.

　인간도 마찬가지다. 수만 년 전 들과 산을 헤매며 풀뿌리를 캐먹고 짐승을 잡아먹던 인류가 오늘날과 같은 안전과 번영을 누릴 수 있게 된 것도 상속 본능 덕분이다. 살아 있는 동안 내가 이룩해놓은 많은 것을 자손에게 물려주었기 때문에 인류는 발전의 역사를 거듭할 수 있었다. 다양한 지식과 기술과 부가 부모에게서 자식에게로 상속되는 과정을 거쳐 쌓여나갔다.

　자식에게 남겨주려는 욕구는 자연스러운 본능이면서 역사 발전의 원동력이기도 하다. 자기가 이룩한 것을 자식에게 물려줄 수 없었다면 사람들은 뭔가를 이룩하려고 애쓰지 않았을 것이다.

　인류 역사에서 상속은 자연스러운 일이었다. 지능과 외모와 성격 같은 것들이 부모에게서 자식에게로 물리듯이 재산도 부모에게서 자식에게로 상속되는 것은 자연스러운 일이었다.

상속세의 숨겨진 기원

상속되는 재산에 세금을 부과하겠다는 생각은 고대 로마 때부터 시작되었다. 로마의 아우구스투스 황제는 퇴역 군인을 위한 퇴직금 재원을 찾다가 사람이 죽으면 재산을 남긴다는 사실에 착안해 상속세를 도입했다.

　하지만 상속세라 하더라도 요즘과는 상당히 달랐다. 지금은 상속세가 부자가 자식에게 큰 재산을 물려주는 일을 막는 장치로 작동하지만 로마시대의 상속세는 단순히 정부의 재원을 조달하는 수단에 불과했다. 그것도 자식과 배우자에 대한 상속은 면세였다. 혈족이 아닌 사람에게 상속할 때만 상속세를 5퍼센트 매겼다.

근대에 들어와 네덜란드와 영국 등에서도 상속세를 도입하지만, 동기는 로마와 마찬가지여서 단순히 정부의 재정을 조달하기 위한 하나의 방편에 불과했다. 재산 상속은 당연한 일이었기 때문에 재산이 부모에게서 자식에게로 상속되는 것을 막아야 할 이유가 없었다.

상속세가 '부의 세습'을 차단하는 장치로 바뀐 것은 19세기 말 사회주의 열풍이 세계를 휩쓸기 시작하면서부터다. 『유토피아』를 쓴 토마스 모어Sir Thomas More, 『인간 불평등 기원론』을 쓴 장 자크 루소Jean Jacques Rousseau 같은 학자들이 평등 세상의 이상향을 부르짖었다. 마르크스와 엥겔스는 결국 모든 인간이 완전히 평등한 공산주의 사회가 올 수밖에 없다고 주장했다. 그러나 공산주의 사회가 오기 전까지는 세금을 누진으로 매기고 재산이 대를 이어 상속되는 것을 차단해야 한다고 주장했다. 그러면서 상속은 불평등을 영속화하고 근로 의욕을 떨어뜨리는 나쁜 행위라는 생각이 사람들 사이에 널리 받아들여졌다. 나라들은 저마다 서둘러 상속되는 재산에 무거운 세금을 부과하기 시작했다.

한국의 상속세도 그런 시대사조의 산물이다. 대부분의 나라에서 상속세를 시행하고 있으니 우리도 그래야 한다고 생각했다.

한국인에게는 강점이자 단점인 한 가지 특징이 있다. 외국 것을 받아들일 때 좋은 말로 하면 철저히, 나쁜 말로 하면 교조적으로 받아들인다는 것이다. 송나라에서 시작된 주자학이 중국에서보다 조선에서 더 철저히 지켜졌고 사회주의 역시 러시아나 중국보다 북한에서 더 철저하게 따른다. 외국의 상속세 제도를 받아들였지만 지금 우리의 상속세는 세계에서 가장 화끈해서 최고의 세율을 자랑(?)하고 있다.

경영권 상속세는 단연 세계 최고

내가 글로벌프로퍼티가이드닷컴globalpropertyguide.com에 나온 123개국의 데이터를 확인한 결과 71개국에 상속세가 없었으며 상속세를 도입한 나라는 52개국이었다. 2008년 4월에 조사한 것인데, 지금도 크게 달라지지 않았을 것이다.

상속세가 없는 나라의 세율을 0퍼센트라고 할 때 123개국 전체의 상속세 평균 최고 세율은 9퍼센트였다. 상속세가 있는 52개국만 평균하면 21퍼센트로 나왔다. 반면 한국의 상속세 최고 세율은 50퍼센트다. 일본, 타이완, 미국과 함께 세계에서 가장 높은 세율이다.

게다가 경영권 상속에 대한 상속세율은 단연 한국이 세계 최고다. 대기업 경영권 상속은 30퍼센트 할증률이 적용되기 때문에 결국 65퍼센트의 세율이 적용되는 셈이다. 세계 어느 나라에도 이렇게 높은 세율은 없다.

오히려 다른 나라들은 경영권이나 가업의 상속을 다른 재산의 상속보다 우대한다. 예를 들어 독일은 개인 기업의 사업용 재산, 동반자 회사 지분, 주식회사의 지분 중 25퍼센트 이상의 지분은 22만 5,000 마르크의 기본 공제가 제공되며, 기본 공제를 초과하는 경우 상속 증여 재산 가액의 35퍼센트를 추가로 빼준다. 영국에서도 사업체, 사업체 관련 지분과 비상장 회사 지분, 경영권이 있는 지분 등을 상속하는

〈표 13〉 상속세가 없는 71개국

가나	바누아투	체코	케냐
괌	바레인	아르헨티나	케이만군도
그레나다	바베이도스	안도라	쿡제도
나미비아	버뮤다	앤티가바부다	키프러스
나이지리아	베트남	앙골라	타이
뉴질랜드	벨리즈	에스토니아	탄자니아
도미니카	사우디아라비아	엘살바도르	터크스케이커스제도
라트비아	세르비아	영국령버진제도	트리니다트토바고
러시아	세이셸	온두라스	파나마
마케도니아	세인트루시아	요르단	파라과이
말레이시아	세인트빈센트그레나딘	우간다	파키스탄
말타	세인트키츠네비스	우크라이나	페루
멕시코	스리랑카	이집트	포르투갈
모나코	스웨덴	인도	폴리네시아
모리셔스	슬로바키아	인도네시아	피지
몬트세라트	슬로베니아	자메이카	오스트레일리아
몬테네그로	아랍에미레이트	카타르	홍콩
몰도바	중국	캐나다	

경우 여러 가지 세금 혜택을 주고 있다. 상속세 때문에 경영권이 증발하거나 희석되는 것을 막기 위한 장치들이다. 어떻게든 경영권 상속을 막으려는 우리나라와는 상당히 다른 모습이다.

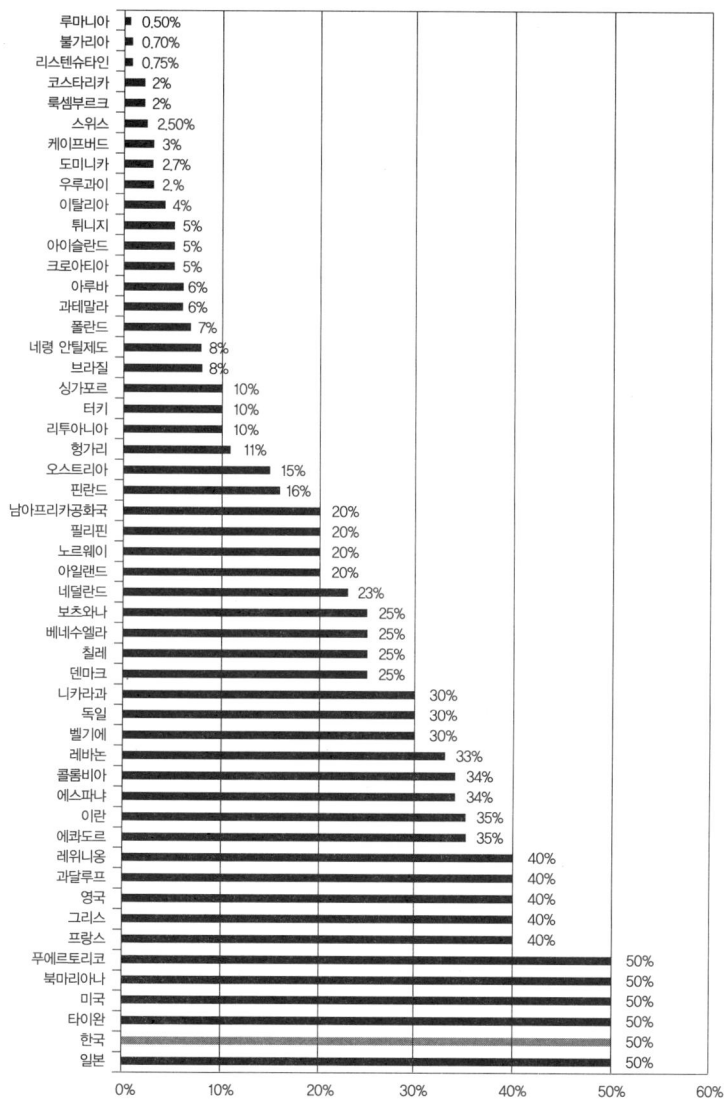

* 직계비속에게 상속할 때 적용되는 세율 기준.

〈그림 14〉 국가별 상속세 최고 세율

상속세의 폐해

상속세가 세상을 좋게 만들 것이라는 기대와 달리 오히려 많은 문젯거리를 만들어내고 있다. 1970년대 이후 여러 나라에서 상속세가 폐지되고 있는 것은 그런 이유 때문이다.

상속세의 가장 큰 문제는 자본 형성을 막는다는 것이다. 자본이 풍부해야 생산성이 높아져 노동자 임금도 올라간다. 우리가 외국 자본을 유치하려고 하는 것도 자본이 풍부해져야 일자리도 늘어나고 임금도 오르기 때문이다.

불행히도 상속세는 저축할 의욕을 떨어뜨리고, 그 결과 자본 형성을 방해한다. 열심히 돈을 버는 이유는 무엇인가. 노후에 편히 살려는 목적도 있지만, 자식에게 좋은 것을 남겨주기 위한 목적도 크다. 물론 자식에게 아무것도 물려주지 않겠다고 생각하는 사람도 있겠지만, 대다수 사람이 자식에게 재산을 물려주고 싶은 욕구 때문에 돈을 벌고 저축을 할 것이다.

그런데 상속세는 그 저축을 빼앗아간다. 평생 저축해서 남겨놓으면 결국 국가에 상속세로 빼앗긴다. 그러면 그만큼 사람들의 저축 욕구는 줄어들게 마련이다. 나 하나 잘살기 위해서라면 지금처럼 열심히 살 이유가 없다.

자식에게 좋은 것을 남겨주겠다는 생각으로 안 쓰고 안 자면서 돈을 모으는 것이다. 상속세는 그런 부모의 행동을 바꾼다. 돈을 남기기보다 죽기 전에 다 써버리게 한다. 그 결과 투자는 줄고 일자리 역시 줄어든다. 미국 의회의 합동경제위원회가 상속세에 대해 내린 결론처럼 부자들의 소비가 늘어나 오히려 위화감이 더 커질 수도 있다.

경제에 끼치는 '상속세의 악영향'은 경영권에서 더욱 크게 나타난다. 상속세율이 50퍼센트일 경우 재산은 세금을 내고 난 뒤 50퍼센트가 남을 것이다. 그러나 경영권은 50퍼센트는 세금으로 내고 50퍼센트만 상속할 수 없는 경우가 많다. 주식을 처분해 상속세를 낼 때 지분율이 줄어들어 최대주주의 지위를 잃게 된다면 경영권은 아예 사라지게 되는 것이다. 대기업들이 편법이나 탈법을 동원해 상속세를 줄이려는 이유는 단순히 돈을 내기 싫다는 뜻보다 경영권을 다른 사람에게 넘겨줄 수 없다는 절박함에 있다고 보는 것이 옳다.

그나마 상장회사라면 지배주주가 경영권을 잃기는 하지만 회사 자체가 사라지지는 않는다. 그러나 비상장 기업은 상속세 때문에 해체될 수도 있다. 미국의 상속세 폐지 논쟁에 불을 붙인 게 바로 이런 이유였다.

물론 한국의 기업들이 기업을 해체해가면서까지 정직하게 상속세를 냈다고 보기는 어렵다. 재벌들의 경영권 승계가 많은 편법과 탈법에 기초해 있듯이, 비상장 가족기업들이 대를 이어 가족기업으로 유지되어갈 수 있는 배경에는 아마도 더 큰 편법과 탈법이 숨어 있을 것이다. 높은 상속세율에도 대를 이어 기업을 한다는 사실 자체가 그것을 말해주는 셈이다.

경영권 상속이 차단돼 나타나는 효과는 더욱 심각하다. 기업을 키우기는 매우 어렵다. 그들은 어렵사리 키워놓은 기업이 사라지지 않고 더욱 발전하길 원한다. 그리고 많은 경우에 그것은 자식에게 상속함으로써 이뤄진다. 경영권 상속이 어렵다면 기업을 키우려는 의욕도 줄어든다.

다행히 중소기업이나 중견기업의 경영권 상속은 가업 승계라는 이름으로 너그럽게 봐주는 사회적 분위기가 형성되어가고 있다. 세법상으로도 여러 가지 감면 조항을 마련해두고 있다. 하지만 대기업에 대해서는 오히려 더욱 가혹한 것이 한국의 상속세법이다.

기업의 규모가 다르다는 것 외에 대기업의 경영권 상속은 중소기업의 가업 승계와 다를 것이 없다. 더구나 다국적 대기업들은 상장 주식의 상당 비율을 외국인 기관투자가들이 소유하고 있으며, 기관투자가들이 의결권을 행사하기 시작했음을 생각해본다면 대기업의 경영권 상속을 중소기업의 가업 승계보다 불리하게 다뤄야 할 이유가 없다. 대기업이 2세에게 주식을 넘겨주더라도 그 2세가 최종적으로 경영권을 가질 수 있을지는 주주총회의 결정에 달려 있기 때문에 무능한 2세가 경영권을 가지게 될 가능성은 적다.

자본이득 과세로 대체 필요

미국 의회가 조사한 바로는 상속세 때문에 사회가 치러야 하는 비용이 상속세의 세수와 거의 맞먹는 것으로 나타났다. 이는 우리도 그다지 다르지 않을 것이다.

그래서 많은 곳에서 상속세 폐지를 구체화하고 있고 학자들도 상속세 폐지 운동 대열에 참가하기 시작했다. 프리드먼Milton Friedman과 버넌 스미스Vernon Smith, 스티글리츠Joseph E. Stiglitz 등의 노벨 경제학상

수상자들이 그렇고 그 밖에도 맨큐Gregory Mankiw, 블라인더Alan Blinder, 로센Harvey Rossen 같은 경제학자들이 상속세 폐지를 주장하고 있다.

한국에서도 상공회의소를 중심으로 상속세 폐지 주장이 대두하고 있다. 나도 상속세가 폐지되어야 한다고 생각한다. 상속세를 폐지해서 평생 이뤄놓은 것이 본인이 원하지 않는 누군가에게 넘어가는 일을 막아야 한다. 특히 상속세 때문에 경영권이 희석되는 일은 막아야 한다.

그렇다고 해서 상속받은 재산에 대해 세금을 전혀 내게 하지 말자는 것은 아니다. 상속을 받은 사람은 소득을 벌어들인 것이기 때문에 다른 모든 소득에 대해서와 마찬가지로 상속받은 재산에 대해 소득세 성격의 세금을 내게 하는 것이 공정하다. 세금 부담을 지우면서 경영권이 사라지는 일도 막는 방법은 상속 재산을 자본이득 과세로 다루는 것이다. 경영권을 처분할 때 그동안 이익을 본 만큼 세금을 부과하면 된다.

만약 상속세를 폐지할 수 없다면 상속세의 최고 세율을 소득세와 같이 35퍼센트로 내리는 것이 좋다. 그리고 지배주주의 지위를 상속할 때 적용되는 30퍼센트 할증은 폐지해야 한다. 폐지에 그치지 않고 독일이나 영국에서처럼 오히려 감면 대상으로 삼을 것을 제안한다. 상속세 때문에 기업의 지배구조가 바뀌는 것은 사회 전체를 위해서도 바람직하지 않다.

부모의 지능과 키와 운동신경 같은 능력을 물려받는 것이 자연스럽듯이 재산과 경영권을 상속하는 행위도 자연스럽다.

법관이여,
돈과 혈연과 학연의 유혹을 떨쳐버려라

무전유죄 유전무죄는 정말 잘못된 관행이다. 죄지은 자는 누구나 법에 따라 똑같은 처벌을 받는 것이야말로 정의 사회의 핵심이다. 같은 죄를 짓고도, 돈 있고 빽 있는 자는 빠져나가고 돈 없는 자만 처벌을 받는다면 법이 설 자리는 없다.

새삼스럽게 이 말을 하는 것은 우리의 법조 관행이 정의롭지만은 않았기 때문이다. 재벌닷컴의 자료에 따르면 1990년 이후 자산기준 10대 재벌 총수 가운데 일곱 명이 총 22년 6개월의 징역형을 선고받았지만 모두 집행유예로 풀려났다. 반면 일반인들의 형사사건 집행유예 선고 비율은 2011년의 경우 25퍼센트라고 한다. 한눈에 보기에도 뭔가 잘못되었다는 느낌을 지울 수 없다. 그 여파로 정치권의 경제민주화 논의에서도 재벌 오너들에 대한 처벌을 강화하기 위한 법 개정이 중요한 의제로 등장하고 있다. 그러나 나는 유'전'무죄 현상의 근원은

'錢[돈]'이 아니라 법관의 타락에 있다고 생각한다.

대한민국 헌법 제103조는 '법관은 헌법과 법률에 의하여 그 양심에 따라 독립하여 심판한다'고 규정하고 있다. 헌법이 '독립'이라는 단어를 쓴 헌법기관은 법관밖에 없다. 그만큼 법관은 독립적으로 심판할 힘과 의무가 있다. 그래서 돈의 유혹에 넘어가는 법관은 법관 자격이 없다. 아니 헌법이 부여한 권한, 즉 '독립하여 심판'할 의무를 저버리는 반헌법적 행위를 하는 것이다.

유전무죄의 근원은 법관 타락

2012년 8월 한화그룹 김승연 회장에게 징역 4년과 벌금 51억 원을 선고하고 법정구속까지 집행한 사건은 두 가지 면에서 뜻이 깊다. 첫째는 이 판결로 재벌 오너들에게 집행유예를 주어오던 관행에 제동이 걸리게 되었다는 점이다. 아마도 앞으로 유사한 사건을 다루는 법관들은 잘못된 관행의 압력을 훨씬 덜 받게 될 테니 정말 다행스러운 일이다.

둘째는 이 사건으로 유전무죄 관행의 가장 큰 원인은 법관 자신임을 스스로 드러낸 셈이다. 김승연 회장은 거물이다. 빛나는 별 같은 법무법인과 쟁쟁한 법관 출신 변호사들을 변호인으로 두었을 것이다. 그럼에도 판사 한 사람이 마음을 굳게 먹으니 이런 거물까지도 법정구속을 할 수 있었다. 법관에게는 그렇게 막강한 힘이 있는 것이다. 지금까지 돈 있는 자에게만 그 힘을 쓰지 않았다면 법관 스스로 타락한 것이다. 헌법이 부여한 독립된 지위를 스스로 더럽혀온 것이다.

사실 유전무죄라고 하지만, 돈에 의해서만 재판결과가 달라진 것은 아니다. 재판장이 결정되면 원고와 피고는 먼저 재판장의 고교 동창생부터 찾아나선다는 말이 공공연한 비밀처럼 되어 있다. 돈뿐만 아니라 친분관계에 따라 판결이 달라지기 때문일 것이다. 혈연, 학연, 지연에 따른 특혜가 사법부에도 여전히 작용해온 모양이다.

그렇다고 해서 이길 확률이 높은 변호사를 고용하는 것을 나무랄 수는 없다. 재판 당사자가 변호사를 고용해서 스스로 죄가 작음을 변론하는 것은 현대적 사법제도를 가진 나라에서 당연한 일이다. 모든 변론과 하소연을 듣고 어떤 것이 옳고 어떤 것이 그른지를 심판할 책임은 온전히 법관에게 있다. 그것을 제대로 하지 못했기 때문에 유전무죄 현상이 독버섯처럼 생겨났다. 법관이 법관 출신 선배 변호사의 청탁을 못 이겨 유리한 판결을 하기 때문에 피고인들은 너도나도 비싼 돈을 주고 그 법관의 선배 변호사에게 자신의 변호를 맡기려는 것이다. 이것이 전관예우다. 그런 압력과 유혹을 떨칠 책임은 재판 당사자가 아니라 법관에게 있다.

돈과 타협한 법관을 처벌하는 개혁이 필요하다

그래서 유전무죄 현상을 뿌리 뽑기 위한 실마리는 재벌개혁이 아니라 사법개혁에서 찾는 것이 옳다. 특별법까지 만들어 재벌 오너에게 특별한 처벌을 하겠다는 것은 원인과 결과를 혼동하는 것이다. 유전무죄가 문제인 것은 사실이지만 이를 제거하는 방법으로 법관이 유혹에 넘어가지 않도록 환경을 만들어주고, 돈과 타협한 법관을 색출하여 처벌하는 개혁이 필요하다.

그나마 다행인 것은 이제 한국의 법정도 상당히 투명해지고 있다는 사실이다. 예전에는 변호사가 판사 눈치 보느라고 법정에서 제대로 말도 못했다고 한다. 심지어 어떤 변호사는 판사에게서 시끄러우니까 변론문이나 두고 가라는 핀잔까지 들었다고 한다. 영화에서 보듯이 치열한 논쟁이 오가는 모습과는 전혀 딴판이었던 모양이다. 법정의 사정이 그렇다 보니 공정한 판결이 나오기를 기대하기도 어려웠다. 진 사람은 자기가 왜 졌는지 분명히 알지도 못하는 일도 많았다고 한다. 그런 상황에서는 유전무죄가 될 가능성도 높기 마련이다. 그러던 한국의 법정이 이제는 영화처럼 변해가고 있다. 양측 변호사가 서로 치열하게 공방도 벌이는 그런 법정 말이다. 법정이 그렇게 될수록 특혜보다는 공정한 판결이 나올 가능성이 높아진다.

하지만 아직도 갈 길이 멀다. 서양의 법정을 상징하는 정의의 여신 디케는 눈을 가린 채 저울과 칼을 들고 있다. 재판정에 선 사람이 누구든, 돈이 있든 없든, 힘이 있든 없든 관계없이 법과 사실에 따라서 판단을 하고 그것을 확실하게 집행한다는 뜻이다. 그런데 흥미롭게도 서초동 대법원 출입구에 앉아 있는 정의의 여신은 눈을 뜨고 있는 것은 물론 칼 대신 법전을 들고 있다. 결과적으로 보면, 그 눈으로 돈과 학연, 혈연을 가려내어 특혜를 준 셈이기도 하다. 또 범법자를 가혹하게 처벌하기보다 물러터진 법집행에 머물렀을 수도 있다. 이제부터라도 정의의 여신이 그런 것들에 눈을 감아주기 바란다. 또 법을 어긴 자들에게는 법을 가혹하게 집행해주기 바란다.

한국은 시대정신을 거슬러 성공했다

경제민주화가 시대정신이긴 하지만……

"지난 50여 년의 시대정신을 되돌아보면 1960~70년대 산업화를 거쳐 민주화, 선진화에 이어 지금은 경제민주화시대 (중략) 경제민주화는 헌법 가치이자 시대정신이다."

2012년 9월 5일 민주통합당 이해찬 대표가 국회연설에서 한 말이다. 경제민주화를 대세로, 시대의 정신으로 보는 것은 새누리당도 마찬가지다. 박근혜 캠프의 경제브레인인 김종인 국민행복위원장도 '경제민주화 자체가 시대적 요구이자 시대정신이 된 만큼 이번 대선 최대의 쟁점이 될 것'이라면서 경제민주화가 시대정신임을 강조했다.

대중이 마음속에 품은 생각을 시대정신이라고 본다면 경제민주화·재벌개혁이 시대정신인 것은 틀림없다. 여론조사 결과는 국민 다수가 재벌개혁, 경제민주화를 원하고 있음을 보여준다.

예를 들어 참여연대와 원혜영 민주통합당 의원이 2012년 7월 22일 전국 20세 이상 성인 남녀 1,000여 명을 대상으로 벌인 여론조사에서도 그런 결과가 나왔다.* 경제민주화와 재벌개혁의 필요성에 공감한다는 응답이 70.1퍼센트를 차지했다. 대기업 법인세를 대폭 인상해야 한다는 주장에 대해서는 82.3퍼센트, 기업형 슈퍼마켓 등 대기업의 골목상권 진출 규제에 대해서는 72.4퍼센트, 대형할인점 의무휴업 제도에 대해서는 74.5퍼센트, 반값등록금에 대해서는 73퍼센트가 공감한다고 답변했다.

경제민주화나 재벌개혁이 시대정신이라는 점에는 의문의 여지가 없다. 하지만 그래서 시대정신이 요구하는 대로 해야 한다는 결론은 틀렸다. 지난 60년간 한국이 이뤄낸 기적 같은 성공은 시대정신을 따른 결과가 아니었다.

한국에서, 아니 이 한반도의 5,000년 역사에서 시장경제, 자유경제 같은 것이 시대정신이었던 적은 한 번도 없었다. 다수 국민이 원하는 것은 항상 시장이 아니라 선한 정부였다. 경쟁이 아니라 보호였고 자본주의가 아니라 사회주의(사회민주주의)가 시대정신이었다. 한국은 시대정신보다는 옳은 정신을 선택했기 때문에 성공할 수 있었다.

---

* http://www.newscj.com/news/articleView.html?idxno=141834

이승만은 시대정신을 거슬렀다

1946년 7월 미군정청 여론조사국이 우리 국민 8,453명을 상대로 여론조사를 했는데, 한국인 대다수는 사회주의나 공산주의를 원하고 있었다. 다음은 이와 관련된 1946년 8월 13일자 『동아일보』의 기사다.

> 軍政廳輿論局에서는 朝鮮人民이 어떤 種類의 政府를 要望하는가를 관찰키 爲하야 三十項目의 設問을 列擧하고 輿論을 조사하였는데 設問에 反映된 民意는 다음과 같다……(중략)
>
> 問三, 貴下의 贊成하는 것은 어느 것입니까?
> 　　가. 資本主義 1,189명(14%)
> 　　나. 社會主義 6,037명(70%)
> 　　다. 共産主義 574명(7%)
> 　　라. 모릅니다. 653(8%)

조사 문항 중 세 번째가 경제체제와 관련된 것이었는데, 자본주의를 원한 응답자는 14퍼센트에 불과했다. 압도적 다수인 70퍼센트가 사회주의를 원했고, 공산주의를 원한다고 답한 사람도 7퍼센트나 되었다. 사회주의나 공산주의를 원한 77퍼센트는 자본주의를 원한 14퍼센트의 5.5배나 되는 수치다. 해방 정국의 시대정신은 자본주의가 아니라 사회주의였다. 그럼에도 이승만은 귀속재산 매각 등을 통해 이 땅에 자본주의를 심었다. 그리고 그 덕분에 우리는 지금도 자본주의 세상에서 번영을 누리며 살고 있다. 이승만은 시대정신을 거스르길 정말 잘했다.

박정희의 수출주도 정책도 시대정신을 거스른 것

박정희는 1964년 경제개발 5개년계획 수정계획을 발표하면서 수출촉진을 경제정책의 중심으로 천명했다. 수출을 촉진하기 위해 환율을 현실화하고 원자재와 외자를 수입할 길도 열어놓았다. 그런 정책들이 한국경제의 초고속 성장을 불러왔다.

그런데 수출 지향적 정책은 당시의 시대정신을 정면으로 거스르는 것이었다. 당시 후진국의 시대정신은 열린 경제가 아니라 자급자족 경제였다. 수출지향이 아니라 수입대체였다. 식민지에서 해방된 거의 모든 나라가 자본주의 시장경제와 무역을 하지 않고 자국 내에서 모든 것을 해결하는 것이 최선이라고 믿었다. 종속이론, 민족경제론 등 당시 지식인들 사이에서 대세를 이룬 이론이 모두 수출주도와는 정반대 내용을 담고 있었다. 시대정신을 거스른 박정희의 개방정책이 한국을 성공의 길로 이끌었다.

김대중의 신자유주의 정책도 시대정신이 아니었다

역설적이게도 역대 대통령 중에서 가장 신자유주의적인 경제정책을 편 사람은 김대중이다. 외국인 주식투자의 자유화, 외국 자본에 의한 은행 인수 허용, 아파트 분양가 자율화, 재벌의 파산 허용 등 이전까지는 상상하기 어려운 정책들이 김대중 정부 때 시행되었다. 대중경제, 민족경제 등 김대중이 애지중지하던 원칙과는 상당히 다른 것이었다. 하지만 외환위기에 대한 그런 식의 정공법이 한국경제가 극심한 불황에서 무척 빠르게 회복될 수 있는 동력이 되었다.

외환위기가 아니었다면 김대중이 그때까지 자신의 주장을 뒤집고 그런 정책을 폈을 리 없다. 구제금융을 받아 국가부도를 막아야만 했으니 IMF와 월드뱅크의 요구를 들어줄 수밖에 없었다. 김대중의 신자유주의 정책은 시대정신과는 거리가 멀었다는 말이다.

1997년 결성된 기아 살리기 범국민운동을 기억할 것이다. 당시 기아자동차는 노동자가 경영하는 국민기업이었고, 시대정신을 구현하는 기업이었다. 그런 기업이 부도가 난다니 온 국민이 안타까워했다. 하지만 시대정신으로 기업을 지켜낼 수는 없었다. 시대정신이 무엇이었든 김대중은 용감한 선택을 할 수밖에 없었다. 그리고 그것이 한국을 다시 한 번 도약하게 했다.

제1장 민정 3년의 결산

① 정치현실(독재부패의 군벌정치) ② 통일정책(기피와 억압으로 일관) ③ 외교부문(굴욕과 허세의 가면극) ④ 국방부문(방위정책 약화와 정치추종의 강요) ⑤ 산업·경제부문(대중 수탈에 의한 재벌 비대의 강행) ⑥ 문화·교육부문(지성의 말살과 침묵의 강요) ⑦ 사회·보건부문(빈곤·절망·범죄의 25시)

제2장 민중당의 좌표

① 민중당의 기본성격(중산층의 정당으로 대중경제체제를 확립)
② 민중당의 자세(고발과 대안의 병행) ③ 민중당의 업적(알맹이 있는 투쟁과 새로운 정치풍토의 조성) ④ 우리의 결의(공명선거의 전취와 집권)

제3장 민중의 청사진

① 법제정책(민주주의를 다시 살리자, 자유염결의 민주체제 확립)
② 통일정책(대한민국은 압록강까지, 자신 있는 통일체제 수립)
③ 외교정책(내 장단에 춤을 추자, 자주 실리의 성인외교) ④ 국방정책(군을 정치에 이용하지 말자, 전력의 강화와 정치적 중립의 보장) ⑤ 산업·경제정책(다 같이 삶의 기회를 갖자, 재벌경제에서 대중경제로 전환) ⑥ 문화·교육정책(민족의 얼을 길러가자, 자주와 창조의 보장) ⑦ 사회·보건정책(국민에게 희망을 주자! 빈곤과 절망에의 도전)

경제민주화는 낡은 노래의 리메이크다

다음은 1967년 민중당 박순천 당수가 국회에서 했던 연설문의 개요다. 연설문을 쓴 사람은 민중당 정책위원회 의장인 김대중이었다. 그중에서 밑줄 친 경제 관련 내용을 잘 보기 바란다.

대중을 수탈해서 재벌이 비대해졌다거나 재벌에서 대중경제로 전환한다거나 복지정책을 한다거나…… 45년 전인데도 지금과 그다지 다른 것이 없다.

    그 이후로도 대중의 마음을 사로잡으려는 정치인이나 지식인들은 늘 중소기업 보호, 서민 보호, 대중경제, 민족경제, 복지 같은 것들을 입에 달고 다녔다. 굳이 이름을 붙인다면 어느 시대나 그런 것들이 시대정신이었다는 말이다.

    만약 우리가 그런 시대정신을 따랐다면 어떻게 되었을까? 이영훈 교수의 말대로 한국은 필리핀 정도의 수준이나 잘돼도 타이 수준이었을 것이다. 그 시대정신을 거스른 것이 얼마나 다행인가. 지금의 경제민주화, 재벌개혁도 그 옛 노래의 리메이크다.

    19세기 말 20세기 초 서양의 시대정신은 공산주의였고, 그것을 따른 인류의 3분의 1은 70년간 고통을 감수해야 했다. 제2차 세계대전 이후 영국의 시대정신은 '요람에서 무덤까지'였고 그것을 따르다가 1970년대 말에는 유럽의 병자로 쇠락했다.

    시대정신이라고 해서 모든 것을 정당화하지는 않는다. 특히 그 시대정신이 남을 끌어내리거나 남의 재산을 빼앗거나 나라에 기대어 살아보자는 등의 것이라면 특히나 따라서는 안 된다. 지금 경제민주화라는 우리의 시대정신이 그런 것일 확률이 매우 높다. 아무리 시대정신이라도 옳은지 그른지를 잘 따져보라.

    소통이니 힐링이니 하며, 세상은 온통 여론을 좇는 팔로워follower들로 넘쳐난다. 그러나 여론만큼 믿기 어려운 것이 없다. 시대정신을 좇는 얄팍한 팔로워보다 옳은 비전을 제시하고 그것을 시대정신으로 설득해가는 진정한 리더leader를 기다려본다.

반재벌정서의 뿌리*

반기업정서의 현실

한국의 반기업정서는 심각한 수준이다. 2001년 다국적 종합컨설팅회사인 액센추어사가 22개국 기업의 CEO들을 대상으로 자국민이 기업인에 대해서 어떻게 여긴다고 생각하는지를 조사한 적이 있다. 한국 CEO는 70퍼센트가 국민이 기업과 기업인을 부정적으로 생각한다고 응답했다. 반면 타이완은 18퍼센트, 캐나다 20퍼센트, 미국 23퍼센트, 일본 45퍼센트로 나타났다. 50퍼센트 이상 된 곳도 있었다. 브라질 53퍼센트, 아르헨티나 55퍼센트 등이었다. 한국을 제외하고 가장 높은 나라는 영국으로 68퍼센트였다. 한국이 가장 높게 나온 것이다. 그만큼 한국 기업인들이 반기업정서를 몸으로 느끼고 있음을 말해준

---

* 이 글은 폐간된 『월간 넥스트』, 2004년 6월호에 실린 나의 글을 약간 수정·보완한 것이다.

다. 다른 조사들에서도 국민의 기업에 대한 감정은 좋지 않게 나온다.

그런데 어쩌면 반기업정서라는 말은 문제의 핵심을 비켜가는 것일지도 모른다. 중소기업도 기업인데 반중소기업 감정이라는 말이 나온 적은 없다. 그리고 대기업 중에서도 공기업이나 공기업이었다가 민영화된 기업들, 예를 들어 KT, KT&G 같은 기업들에 대해서 국민이 적대적 감정을 드러내는 경우도 드물다. 결국 반기업정서의 본질은 대기업, 그중에서도 총수가 있는 대기업에 대한 반감이라고 보아도 큰 무리는 없을 것이다.

어느 대기업 총수의 상속세 문제만 해도 그렇다. 중소기업도 세금을 줄이기 위해 노력을 많이 하지만 그것을 뭐라고 하지는 않는다. 대다수 국민도 상속과정에서 최대한 세금을 줄이려고 하며, 이제는 국세청이 그 방법까지 알려준다. 그것을 편법이라고 비난하지도 않는다. 하지만 대기업 총수의 합법적인 상속세 절세에 대해서는 비난이 쏟아진다. 결국 반기업정서는 큰 부자인 기업에 대한 반감이 아니라 대기업 총수들에 대한 반감이라고 보아도 큰 무리는 없을 것이다.

시기심은 인간의 본성

자기보다 나은 사람을 보고 부러워하거나 시기하는 것은 인간의 본성이다. 어떤 경우에 부러워하고 어떤 경우에 시기할까. 빼앗아올 수 있는 것을 많이 가진 사람에게 시기심을 갖는다는 것이 나의 가설이다.

학문이 뛰어나거나 뛰어난 예술적 능력을 갖췄거나 운동능력이 뛰어난 사람들에게 대중이 반감을 품는 일은 흔치 않다. 하지만 돈을 많이 번 사람들은 쉽게 시기의 대상이 된다. 그 차이는 빼앗아올 수 있느냐다. 뛰어난 학식이나 운동능력은 빼앗아오기 어렵다. 그래서 그런 능력의 소유자를 미워해봐야 자신에게 별로 득될 것이 없다. 그러나 돈이나 재물은 다르다. 그런 것은 힘만 있다면 얼마든지 빼앗을 수도 있고 빼앗은 것을 자기 것으로 취할 수도 있다. 다시 말해서 돈과 재물을 많이 가진 자를 미워하는 것에 따르는 이득이 크다. 빼앗아서 자기 것으로 만들 수 있는지가 시기심의 결정요인임은 상황에 따라서 학식이나 예술적 능력도 시기의 대상이 된다는 사실에서 다시 한 번 확인할 수 있다. 경쟁하는 학자들끼리는 상대방의 학식이 시기의 대상이고 경쟁하는 예술가들끼리도 그럴 것이다. 상대방이 능력을 상실하면 자신이 그 자리를 차지할 수 있기 때문이다. 하지만 그 능력을 빼앗아봤자 자기 것이 될 리 없는 대중에게 학식과 예술과 운동능력을 시기할 이유는 없다. 인간은 누군가의 것을 빼앗아올 수 있다고 느낄 때 시기하고 증오하는 것 같다.

시기심과 부러움의 진화적 연원

그러한 인간 심리는 진화적인 뿌리를 가지고 있는 듯하다. 집단생활을 하는 고등동물에게는 대개 우두머리가 필요하며, 누가 우두머리가 되느냐에 따라 집단의 운명과 유전적 우위가 결정된다. 그래서 강한 우두머리를 선발하는 과정이 필요한데, 그 방식은 대개 싸움이다. 물개도, 늑대도, 침팬지도 싸움을 가장 잘하는 자가 우두머리가 된다. 하지만 모두가 우두머리가 되기 위해 싸운다면 그 집단은 자멸하고 말 것이다. 그래서 적당히 용감하고 적당히 비겁할 필요성이 생겨난다. 재미있는 것은 우두머리 강자에 대한 나머지 개체들의 심리적 태도다. 약자는 대부분 우두머리에게 자신의 신체 중 가장 취약한 부분, 즉 배를 드러내보이면서 아양을 떤다. 아마도 그때의 심리상태는 존경심과 두려움일 것이다. 그러나 우두머리가 자신보다 약해졌다고 생각되면 언제든지 적대감을 드러내고 도전을 한다. 거기서 이기면 새로운 우두머리가 된다. 그것이 집단의 우두머리가 탄생하는 자연스러운 기제다. 동물들은 상황에 따라 부러움과 존경심과 시기심이 달리 표출되도록 진화해왔고 인간도 크게 예외는 아닌 것 같다.

인간도 예외는 아니다

인간도 그리 다르지 않다는 사실은 역사의 큰 흐름 속에서 잘 드러난다. 진정으로 강한 자, 도저히 극복할 수 없는 자에게는 인간도 시기심이 아니라 경외감을 가진다. 예를 들어 농경시대의 백성이 왕에 대해서 가졌던 감정이 그런 것임은 수많은 문헌에서 확인할 수 있다. 하지만 어떤 방식으로든 이길 수 있다는 생각이 들면 존경하기보다는 적대감을 드러내고 덤비게 된다. 민주화도 그런 관점에서 이해할 수 있다. 즉 백성이 왕이나 독재자를 이길 수 있다는 생각이 강하게 들수록 독재자에 대한 반감도 커지게 되는 것은 아닐까.

　그 과정에는 사회구조의 변화가 깔려 있다. 왕이 아무리 폭력적이라 해도 백성이 모두 단결해서 덤빈다면 당할 수가 없다. 하지만 백성이 넓은 지역에 퍼져 살아야 하는 농경사회에서는 왕을 격퇴하기 위해 많은 백성이 모이기는 어려웠다. 그래서 민중은 단결하기 어려웠다. 이런 상황을 바꾼 것이 산업화와 도시화. 산업화는 사람들을 좁은 공장에 모이게 했고, 비좁은 도시에 모여 살게 했다. 중요한 것은 그러한 정주와 작업 패턴의 변화가 대다수 사람을 쉽게 모일 수 있게 만들었다는 것이다. 대중 혁명을 하기도 그만큼 쉬워졌고 실제로 혁명이 많이 일어났다. 혁명이 일어나지 않은 곳에서도 그 가능성은 항상 잠복하고 있었다. 그러다 보니 폭력의 직접적 소유자인 왕이나 군 통수권자들도 다수 민중의 뜻, 즉 여론을 거스를 수 없게 되었다. 그 여론은 폭력의 관리자인 정부에게 부자의 것을 빼앗으라고 요구하며, 부자들에 대한 증오가 그런 요구를 충동질한다.

지식인의 역할

지식인들은 그런 현상을 더욱 증폭시킨다. 그들은 폭력에 약하다. 슘페터Joseph Alois Schumpeter가 정확히 지적했듯이 지식인들은 어느 시대나 폭력을 가진 자에게 아부했다. 왕이 강했을 때는 이론으로써 왕의 권력을 정당화했고, 교회가 폭력을 소유했을 때는 교회의 권력을 정당화했다. 지금은 그 폭력을 다수 여론이 지배한다. 군대도 경찰도 검찰도 모두 여론의 하수인이다. 그래서 지식인들은 여론을 정당화하는 일에 열중이다. 그 여론에 담긴 증오를 학문으로 정당화하고, 여론이 빼앗고 싶어하는 것은 마땅히 대중의 것이라고 미화해준다. 대중에게서 폭력을 빼앗기는 어렵지만, 부자에게서 돈을 빼앗기는 쉽기 때문이다. 그래서 지식인들은 폭력을 통제하는 힘에 아부하고 돈을 가진 자들을 미워한다. 그렇게 함으로써 폭력을 가진 집단, 즉 민중의 인정을 받으며 살아간다.

지식인들의 단골 메뉴인 빈부격차 문제를 생각해보라. 과거 왕정 시대의 빈부격차가 컸는가 아니면 지금이 더 크겠는가. 그 답은 자명하다. 예전에는 폭력을 소유한 자가 돈도 같이 소유했다. 그런데도 당시 지식인들은 가진 자들을 질타하지 않았다. 폭력을 두려워했기 때문이다. 이제 폭력을 소유한 자와 돈을 가진 자는 분리되었다. 돈을 많이 가진 자는 폭력을 소유하고 있지 않다. 그래서 폭력을 가진 자는 얼마든지 돈을 빼앗을 수 있다. 여론이 그것을 원한다. 이제 여론이 필요로 하는 것은 정당성이다. 그때 지식인들이 나와서 빈부격차는 정의롭지 못한 것이라고 말해준다. 국가가 폭력(조세)을 동원해서 가진 자의 것을 나누는 것이 정의라고 정당화해준다.

보고 싶은 것만 본다

인간은 보고 싶은 것만 보는 경향이 있다. 그래서 무엇을 싫어하게 되면 그것의 나쁜 점만 보인다. 그런 일들은 이미 산업혁명 초기부터 있었다. 지식인들은 산업혁명을 가져온 자본주의가 프롤레타리아의 삶을 피폐하게 만든다고 했다. 그러나 그것은 사실이 아니다. 산업혁명은 인류 역사상 최초로 인류를 굶주림에서 벗어나게 했다. 대량생산과 대량고용은 발전의 혜택이 프롤레타리아에게 돌아가도록 했다. 과거에는 상상 속에서만 가능하던 풍요를 누릴 수 있었다. 그것이 산업혁명의 진실이다.

도시 생활이 농촌 생활보다 나쁜 점이 없었던 것은 아니지만 그래도 전반적으로는 도시 생활이 프롤레타리아에게 더 풍요로웠다. 그래서 자발적으로 혼잡한 도시로 몰려든 것이다. 그런데도 지식인들은 산업혁명이 가난한 자를 더욱 가난하게 만들었다고 비난했다. 어느 사회나 가난한 사람은 있기 마련이다. 역사 이래로 모든 인류가 짊어져야 했던 절대 빈곤의 문제를 산업혁명 또는 자본주의가 해결해주었다.

또 어느 사회나 산업의 특성상 작업환경이 좋지 않은 직장이 있기 마련이다. 하지만 직업선택의 자유가 허용되는 한 노동자들은 작업장의 열악함을 보상받고 남을 정도를 임금으로 받게 된다. 그렇지 않다면 다른 작업장을 선택할 것이기 때문이다. 농촌의 삶이 정말 풍요로웠다면 도시화는 이루어지지 않았을 것이다.

1960년대 초에 독일로 간 우리나라 광부들은 지하 150미터의 막장에서 일해야 했다. 그곳의 작업환경이 얼마나 열악했는지는 따로 말할 필요가 없다. 중요한 것은 그들이 자발적으로 그 환경을 택했다는 것이고 그 이유는 그것이 자신들의 생활을 개선할 기회였기 때문이다. 한국에 있으면 공기 좋은 농촌에서 살 수도 있었겠지만, 배를 곯아야 했고 병을 치료할 돈도 벌 수 없었다. 그들은 공기 좋은 농촌을 버리고 지하 150미터의 열악한 탄광 막장을 선택함으로써 먹고 입고 교육받고 부모의 병을 치료하고 동생들을 학교에 보낼 수 있는 돈을 벌 수 있었다.

산업혁명 당시 영국 도시 공장의 열악한 작업장도, 구로공단의 처참해 보이는 공장도 다를 바 없다. 그럼에도 지식인들은 열악한 작업환경만 비난했다. 그러다 보니 산업혁명이 마치 가난한 사람들을 해치는 것인 양 인식되기에 이른다. 그리고 그것이 정설이 되어 이제는 누구나 자본주의는 빈부격차를 심화시켰고, 도시화 때문에 전원의 목가적 생활을 잃게 되었다고 믿기에 이른다. 부자의 것을 빼앗아 재분배하는 것이 정의로운 일로 받아들여지기에 이른다.

상업에 대한 반감도 큰 원인이다

상업에 대한 반감 같은 것도 부자에 대한 반감을 만드는 데 큰 몫을 하는 것 같다. 동서양을 막론하고 상업은 천한 것으로 여겨졌다. 하지만 분업과 전문화가 가능하게 하려면 상업은 반드시 있어야 한다. 풍부한 곳에 있는 것을 모자라는 곳으로 옮겨주기 때문에 상업은 실질적인 생산이기도 하다. 그러나 인간의 선천적 인식체계로는 그것을 이해할 수 없었다. 사회주의 국가에서 서비스를 국민총생산에 포함하지 않았던 데는 그런 인식이 깔려 있었다. 상업은 남이 생산한 것을 중개해서 이문을 남기는 일이기에 부도덕한 일로 여겼다.

상업은 전통적인 정치체제와 어긋나는 것이기도 했다. 대다수 농업국가는 계급이나 전체주의 체제를 가지고 있었고 그 체제를 유지하기 위해서는 백성을 자신의 계급과 지리적 위치에 묶어두어야 했다. 그런 관점에서 본다면 떠돌아다니는 상인들은 체제의 안위를 위협하는 불안요인이었다. 게다가 떠돌아다니기 때문에 그들이 언제 어떤 일을 할지 알 수도 없었다. 불시에 도둑으로 변할 수도 있었고 실제로 그러기도 했다. 이런 요인들 때문에 대다수 사회에서 상업은 부도덕하고 천한 것으로 간주되었다. 구체적 형태가 다르기는 하지만 사농공상이라는 카스트제도는 우리나라만의 것이 아니었다. 중국도 그랬고 인도도 그랬다.

하지만 상인을 천시하지 않은 몇몇 나라는 번영을 누릴 수 있었다. 20세기 초까지 영국이 그랬고 도시국가가 대부분 그랬다. 드물기는 했지만, 상업이 우대받고 부자들이 존경받는 사회(최소한 증오의 대상이 아닌 사회)에서는 자유와 활기와 부가 자라날 수 있었다.

우리의 자화상과 대기업

물론 한국의 대기업들과 총수들에게는 문제가 많다. 대다수 국민의 이상과 비교해볼 때 그들은 너무나 부패했다. 하지만 그것은 대부분 역사와 제도의 산물이어서 우리가 공통으로 안고 있는 문제들이다.

과거 우리 국민의 자화상을 한번 그려보라. 동사무소에서 서류 한 장을 떼는 데도 급행료를 요구했고, 또 누구나 급행료를 냈다. 새치기하지 말자는 말이 사라진 지 얼마나 되었나. 기차 탈 때 급행료를 내고 뒷문으로 들어간 사람이 부지기수였다. 크든 작든 장사하는 사람치고 명절 때 경찰서와 소방서와 구청과 세무서에 떡값을 바치지 않은 사람이 얼마나 되겠는가. 지금도 자영업자 중에서 세무서에 자신의 수입을 그대로 보고하는 사람이 얼마나 되겠는가. 큰 장사를 하는 사람은 크게 바쳤고 작은 장사를 하는 사람은 작게 바쳤다. 대기업의 부패도 그런 관행 속에서 형성된 것이다. 우리 모두가 나아지고 있듯이 대기업과 총수들도 나아지고 있을 것이다.

어쩌면 한국 역사에서 대기업들은 가장 투명한 조직일지도 모른다. 관공서, 국회, 학교, 중소기업, 자영업자들, 은행, 변호사 사무실, 회계사 사무실, 공기업, 교회, 사찰…… 어느 조직이 평균적으로 대기업보다 더 투명하고 더 깨끗했는가. 물론 선진국의 대기업에 비해서 한국의 대기업은 덜 투명하고 더 부패했을 것이다. 하지만 한국의 다른 조직과 사람들은 어떤가. 한국의 중소기업이 외국의 중소기업보다 더 깨끗한가. 국회의원은, 변호사는, 은행은, 회계사는, 교회는 더 깨끗한가. 아마도 자신이 없을 것이다. 대기업은 국외시장에서 경쟁해야 했기 때문에 국외의 기업들을 닮을 수밖에 없었다. 그래서 국내에서만 안주한 조직들이나 사람들보다 더 선진국에 가까워질 수 있었다. 여전히 지저분한 곳이 많이 남아 있기는 하지만 말이다.

중소기업, 대기업에 같은 잣대를

한국이 잘살려면 모든 국민이 부자가 되기 위해 노력해야 한다. 중소기업들은 대기업이 되기 위해 노력해야 한다. 하지만 큰 부자와 대기업을 좋게 보지 않는 상황에서 그런 노력이 얼마나 생겨날 수 있을까. 대기업과 총수들은 잘못된 것을 고쳐야 한다. 하지만 대다수 국민에게도 고칠 것은 있다. 그 대상이 누구든 같은 잣대를 들이대야 한다는 것이다. 중소기업과 다수 국민에게는 너그럽고 대기업과 큰 부자들에게만 엄격한 잣대를 적용하는 한, 부자가 되거나 대기업으로 자라보려는 노력은 줄어들 것이다.

동화적 프레임에서 벗어나라

"중소기업은 우리나라 전체 기업의 99퍼센트를 차지하고 일자리의 88퍼센트를 공급한다. 숫자로는 1퍼센트, 일자리의 12퍼센트를 공급할 뿐인 대기업이 나라 경제의 근간인 중소기업을 홀대하고 핍박한다. 그러니 대기업을 규제해야 한다."

대기업 규제의 바탕을 이루고 있는 이 논리가 과연 현실에 바탕을 두고 있을까. 약간 극단적인 가정을 해보자. 2012년 4월 총선 당시 통합진보당 이정희 대표가 공약으로 내걸었듯이 30대 재벌그룹을 해체해서 3,000개의 중소기업으로 만들었다고 해보자. 그리하여 한국에는 대기업이 사라지고 중소기업만 남게 되었다고 해보자. 과연 한국은 중소기업의 낙원이 될까. 중소기업들끼리 사이좋게 오순도순 힘을 합쳐 한국경제를 발전시키고, 좋은 직장과 높은 소득 기회를 만들어낼 수 있을까.

그렇지 않다. 대기업을 없애고 나면 중소기업은 일자리의 88퍼센트가 아니라 100퍼센트를 공급할 것이다. 하지만 이는 좋은 일은 아니다. 무엇보다도 노동자에게 재앙이 될 것이다. 중소기업 100퍼센트라는 것은 좋은 직장이 없어짐을 뜻한다. 입으로는 욕을 해도 누구나 취직하고 싶어하는 곳이 대기업이다. 노동자들에게는 대기업이 일자리의 12퍼센트가 아니라 30퍼센트, 40퍼센트로 늘어나는 것이 좋다. 대기업이 없어지면 그런 일자리가 12퍼센트에서 0퍼센트로 줄어드는 것이다. 대기업을 모두 없앤다고 중소기업의 일자리가 좋아질 리도 없다.

대기업이 사라진 세상은 중소기업 자신에게도 좋지만은 않다. 이름이 같은 중소기업이라고 해서 같은 편이 되는 것은 아니기 때문이다. 2011년 7월 상공회의소가 500개 납품 중소기업을 대상으로 납품 상대방 기업과의 거래에 대해서 만족하는지를 조사한 적이 있다. 대기업에 납품하는 중소기업들의 만족도는 82.4퍼센트, 중소기업에 납품하는 협력사의 만족도는 57.2퍼센트였다. 중소기업도 속마음으로는 다른 중소기업보다 대기업과의 거래를 더 좋아하는 것이다. 대기업이 없어진다는 것은 납품 중소기업들이 좋은 거래처를 잃게 된다는 것을 뜻한다.

동네슈퍼들은 대형할인점이 모두 문을 닫는다면 지금보다 사정이 조금 나아질 수도 있겠다. 하지만 동네가게들끼리의 경쟁까지 피하지는 못할 것이다. 또 온라인 쇼핑은 어떻게 할 것이고, 외국의 프랜차이즈 유통업체가 들어오는 것은 어떻게 할 것인가. 무엇보다도 대형할인점으로 안정된 판매망을 확보했던 계약재배 농민들과 무명의 중소 제조업체들, 먹을거리 장터의 식당 주인들은 어떻게 할 것인가.

어릴 때는 누구나 세상을 단순한 프레임으로 바라본다. 좋은 나라 대 나쁜 나라, 또는 착한 사람 대 악한 사람과 같은 식이다. 동화들은 대부분 그런 프레임 위에 서 있다. 나이가 들어 공부를 하고 세상을 경험하면서 우리는 세상이 그리 단순하지 않다는 것을 깨달아간다.

대기업과 중소기업의 관계도 단순하지 않다. 기업의 규모가 크든 작든 기업들은 서로 경쟁도 하고 협력도 한다. 중소기업은 선하고 대기업은 나쁘기만 한 것은 아니다. 그런데도 우리는 이 문제를 좋은 나라 대 나쁜 나라식의 동화적 프레임으로 바라본다.

동화는 환상에 머물러도 문제될 것이 없다. 읽는 아이들의 마음만 따뜻하게 해주면 그만이다. 하지만 먹고사는 문제를 동화처럼 이해하고 나면 결과는 치명적이다. 그 동화가 현실 속으로 튀어나와 삶의 기반을 허물 수 있기 때문이다.

경제학이 생긴 이유는 대중이 그런 실수를 범하지 않게 하기 위해서다. 안타깝게도 요즈음 경제에 대한 논의에서는 경제학은 무시되고, 온통 동화작가들만 활개를 치는 듯하다. 사람들이 대기업과 중소기업의 문제를 경제학의 프레임으로 바라보길 기대한다.

대기업 총수, 당당히 나서라*

돌아가신 최종현 전 SK 회장은 용감한 분이었다. 새로운 사업에 배팅하는 용기도 대단했지만, 정치권이나 여론을 대하는 태도는 더욱 그랬다. 용감했다기보다는 거침없었다는 표현이 더 나을 것 같다. 세상이 무어라 비판하든 옳다고 생각하는 것은 두려움 없이 외쳤다.

그 일로 SK에 피해가 와도 크게 개의치 않았다. 대통령 앞에서 입바른 소리를 했다가 SK가 공정거래위원회와 국세청으로부터 보복성 조사를 받은 것은 공공연한 비밀이다. 하지만 그 덕에 대기업들도 어느 정도는 하고 싶은 말을 하며 살 수 있었다.

---

* 이 글은 『서울경제』, 2011년 10월 11일자에 게재되었다.

'제2의 최종현 회장' 나와야

이 말을 들으면 뜨악하는 분들이 많을 것 같다. 아니, 대기업들이 할 말을 못 한다고? 전혀 그럴 것 같지 않지만 사실이다. 웬만한 비난을 받아도 그저 드러나지만 않게 무마하려는 것이 오랜 시간에 걸쳐 굳어진 대기업들의 습관이다. 그러다 보니 대기업들은 이 사회의 만만한 동네북이 되었다.

투자를 안 하면 돈을 쌓아놓고 있다고 욕하고 투자를 하면 계열사가 늘었다고 욕한다. 고용을 적게 하면 사회적 책임을 안 한다고 비난하고 고용을 하면 중소기업의 인력을 빼 간다고, 인재를 독점한다고 비난한다. 원가가 높아지면 경쟁력도 없다고 비웃고 원가를 낮추면 중소기업을 쥐어짰다고 비난한다. 그것도 KT나 포스코 같은 기업들은 제외하고 오너 있는 재벌들에게만 비난이 집중되는 것을 보면 오너를 싫어하는 감정이 투영된 것임이 분명하다.

사정이 이런데도 그것이 아니라고 당당하게 나서서 말하는 대기업 총수가 없다. 보통 사람들 같으면 피켓이라도 들고 나설 일이겠지만, 재벌 총수들은 꿀 먹은 벙어리다. 괜히 나서봤자 그 뒤에 따를 후폭풍이 두려워서일 것이다.

충분히 이해할 만하다. 소설가 복거일 선생의 말을 빌리면 한국의 대기업들은 악한으로 취급당한 지 오래다. 어떻게 대응을 해도 욕을 먹을 테니 그저 대중의 눈에 띄지 않는 것이 최선인 것처럼 되어버렸다. 게다가 털어 먼지 안 나오는 사람이 어디 있나. 국세청·공정거래위원회·검찰이 달려들어 털기 시작하면 과거 관치경제의 잔재 때문에 분명 많은 먼지가 나올 터다.

피할수록 악화된다

그런 입장을 충분히 이해하지만 그럼에도 할 말은 해야 한다. 당사자들이 말을 안 하고 뒤로 숨으니까, 대신 말을 해달라고 만들어놓은 경제단체도 힘을 못 쓴다. 대한상공회의소는 이미 대기업이 하고 싶은 말을 안 한 지 오래됐고, 전국경제인연합회 역시 민감한 문제에 대해서는 입을 닫는다. 당사자인 대기업이 그 후폭풍을 감당할 수 있어야 대리인인 경제단체도 나설 수가 있다. 당사자가 비겁하게 숨기만 하니 대리인도 나서기가 뻘쭘해지는 것이다.

그런데도 재벌 총수들은 세상에 나오지 않는다. 이제 세상은 대중이 지배하는데 대중과 소통하려는 재벌 총수는 없다. 신세계의 정용진 부회장과 두산의 박용만 회장이 조금 하는 듯하더니 그마저도 이제는 그만둔 것 같다. 이건희 회장이 최근 젊은 사원들과 점심을 같이 했다는데 다른 오너들도 따라하려나?

이제는 대중의 시대다. 대중에게 밉보이면 장사고 뭐고 어려워지는 것이 한국의 현실이다. 오너들도 이제는 안철수만큼은 아니더라도 대중에게 예쁘게 보이기 위한 노력을 해야 한다.

세상과의 접촉이 줄어들다 보니 대기업 총수들의 이미지는 최악이 돼버렸다. 그들이 텔레비전에 모습을 드러내는 것은 범죄 피의자로 서이거나 대통령 앞에서 머리를 조아릴 때다. 무슨 대단한 죄를 지었기에 이렇게 돼버렸나.

피한다고 문제가 해결되는 것이 아님을 수많은 비즈니스 경험을 통해 배웠을 것이다. 그런 원리는 정치적·사회적 문제에 대해서도 다를 것이 없다. 이렇게 대중을 피하다 보면 대중이 그들에 대해서 가지는 부정적 이미지는 굳어지고, 시간이 지나면서 점점 더 나빠질 것이다.

장사만 잘하면 되는 것 아니냐고 항변할지도 모른다. 대중적 이미지를 관리하지 않아도 장사만 잘할 수 있다면 맞는 말이다. 그러나 한국의 상황은 다르다. 대기업에 대한 정서가 지금처럼 부정적 방향으로 진행되다가는 본업인 비즈니스도 하기 어려워질 것이다. 여론과 정치에 가로막혀 기업활동이 한계를 맞게 될 것이다. 코앞에 닥친 경제 민주화가 그렇지 않은가.

더 베풀고 할 말은 떳떳이 하길

이제 태도를 바꿔야 한다. 사회에 당당하게 나서라. 할 말이 있으면 공개적으로 하라. 비난받고 있는 비즈니스가 왜 그렇게 되었는지에 대해서 설명하라. 모든 것을 혼자만 알고 있으니 오해가 깊어만 간다.

그리고 세상은 모두 투명해지는데 대기업과 정부의 관계는 여전히 귓속말을 하는 사이로 비친다. 거듭나야 한다. 사회와 정치를 대하는 태도를 바꿔야 한다. 안철수 사태에서 배우라. 기존 정치권이 안철수 하나로 무력화되었듯이 대기업들의 경영환경도 언제 그렇게 될지 모른다. 공개적으로 하고 합법적으로 대응하라. 부당하게 기본권을 침해받았으면 헌법소원도 내야 한다.

그러자면 생활 자체가 변해야 한다. 유대인들이 그러듯이 주변에 많이 베풀어야 한다. 지금도 베풀고 있겠지만, 더 많이 베풀라. 그것도 회사 돈 말고 개인 돈을 베풀라.

더욱 중요한 것은 사생활이다. 누구에게 내놓아도 당당할 수 있는 생활을 해야 한다. 물론 그것이 의무는 아니다. 하지만 그렇게 해야만 대중이 이해한다. 그러기 싫다면 기업도 크기 어려울 것이다. 대기업 총수들이 당당하게 말하고 존경도 받는 세상을 그려본다.

07

나는 신자유주의자다

한국이 신자유주의 국가라고? 천만에!

한국에서 신자유주의는 재벌만큼이나 악의 화신이 되어버렸다. 어디서나 시위가 벌어지는 곳에는 '신자유주의 박살 내자'라는 구호 하나쯤은 붙어 있게 마련이다. 일자리가 없어지는 것도 신자유주의 때문이다. 양극화도 신자유주의 때문에 더 심해진 것이 되었다. 우리가 잘살려면 이 땅에서 신자유주의를 박살 내야만 한다는 결론이 자연스럽게 뒤따른다. 여야를 막론하고 대통령 선거의 최대 화두인 경제민주화도 결국 신자유주의의 폐해를 해결하기 위한 것이라고 한다.

 다른 나라에서도 한국처럼 신자유주의라는 단어가 많이 쓰이는지 궁금했다. 마침 간접적으로 상황을 보여주는 자료를 발견했다. 인터넷 문화협회 박성현 회장의 아이디어다. 구글 검색에서 '신자유주의'와 그것의 원어인 '네오리버럴리즘Neoliberalism'을 검색해서 몇 건이 나오는지를 비교해보는 것이다. 『개인이라 불리는 기적』의 저자이기도 한 박성현 회장은 대단한 두뇌의 소유자다.

이 글을 쓰는 2011년 7월 2일 오전 10시 5분 현재 '신자유주의' 검색 결과는 425만 건이었다. 반면 '네오리버럴리즘'은 219만 건이었다. '신자유주의'를 포함한 한글 문서가 전 세계의 모든 문서 중 '네오리버럴리즘'을 포함한 문서의 숫자보다 거의 두 배에 달하는 것이다. 한국인의 신자유주의에 관한 관심은 다른 어떤 나라도 따라올 수 없는 지경에 이르렀다.

한국인의 신자유주의에 대한 유별난 관심이 신자유주의를 좋아하기 때문은 물론 아닐 것이다. 구글 검색에서 신자유주의를 입력하면 온통 '신자유주의 허상' '신자유주의 모순' 같은 말들이 튀어나온다. 신자유주의는 한국인에게 혐오의 대상이다.

신자유주의 비판의 최고봉은 장하준 교수다. 장 교수가 신자유주의라는 단어를 만들어낸 것은 아니지만, 한국인의 신자유주의 혐오증에 상당히 이바지했음이 분명하다. 『사다리 걷어차기』 『나쁜 사마리아인들』 『쾌도난마 한국경제』 『그들이 말하지 않는 23가지』 등의 누적판매량이 100만 권을 넘었다. 이 책들은 모두 신자유주의를 평가절하했다. 그중 한 구절을 인용한다.

"일시적인 것이 아닙니다. 최근의 현상은 한국경제가 신자유주의적 구조로 바뀐 결과입니다. 신자유주의의 기본 특징이 바로 저투자, 저성장, 고용 불안이에요. 예컨대 고용이 불안하니까 노동자(소비자)들은 돈이 생겨도 쓸 수가 없습니다. 모아둬야 하니까

요. 또 기업들의 투자가 줄어든 주요한 이유 중 하나가 신자유주의의 특징인 적대적 M&A(인수합병) 때문입니다. 기업들은 적대적 M&A로 경영권이 불안해지니까 수익금으로 투자하는 것이 아니라 자사주나 사들이는 것이죠. 그래서 어느 나라나 신자유주의 체제로 들어가면 성장률이 떨어지게 마련인데, 우리도 이제 그런 체제로 들어가고 있는 겁니다."*

신자유주의 혐오자들은 케임브리지대학교 교수이자 세계적으로 유명한 학자인 장하준 교수 때문에 더욱 확신하게 되었을 것이다. 그렇다면 정말 한국은 신자유주의의 화신일까? 한국은 정말 자유경제의 천국일까? 결론부터 말하자면 그렇지 않다. 우리의 일반적 인식과는 다르게 한국 정부는 여전히 개입과 규제를 많이 하고 있다. 그것을 반영하는 몇 가지 사례를 들어보겠다.

은행의 감사를 금감원 출신이 독식하는 이유

한국의 금융이 신자유주의 물결을 탄 것처럼 말들을 한다. 하지만 한국의 금융은 자유와는 거리가 멀다. 은행이나 증권회사가 새로운 금융상품을 하나 만들려고 해도 정부의 허가를 받아야 한다. 금융기관의 감사 자리를 대부분 금융감독원 출신이 차지했다는 사실이 바로 금융시장에 대한 정부의 간섭 실태를 드러내는 증거다. 금융기관의 감사

---

* 장하준, 『쾌도난마 한국경제』, 부키, 2005, 16쪽.

자리는 짭짤하다. 별다른 책임도 없으면서 억대의 연봉을 받아간다. 금융기관들은 왜 그런 자리를 금융감독원 출신들에게 내줄까? 정부의 간섭을 비켜나가고 정부의 지원을 받아내기 위해서일 것이다. 1990년대 말 외환위기 이전보다 나아지기는 했지만, 한국의 금융은 아직도 자유라는 말이 안 어울리는 상태에 머물러 있다.

한국은 재벌에 대해서도 세계 최강급의 규제를 하고 있다. 공정거래위원회가 가지고 있는 경제력 집중억제책이라는 것이 바로 그렇다. 의결권 제한 등 여기에 포함된 수많은 규제는 단순히 기업이 크다는 이유만으로 가해진다. 내가 알기로는 단순히 크다는 이유만으로 규제하는 나라는 없다. 대부분의 나라가 독점규제법을 가지고 있지만 그것은 시장지배력을 규제하기 위한 것이다.

예를 들어 마이크로소프트가 소프트웨어 시장에서의 막대한 시장 점유율을 바탕으로 그 힘을 남용할까봐 하는 규제다. 한국 같으면 휴대전화 시장에서의 삼성전자, 승용차 시장에서의 현대자동차, 컴퓨터 보안시장에서의 안철수연구소 같은 기업이 주요 감시대상이 될 것이다. 그러나 단순히 기업이 크다는 이유만으로 규제하는 나라는 한국이 유일하다. 그런 나라가 신자유주의 국가라고?

노동시장 역시 자유와는 거리가 멀다. 일단 사람을 뽑고 나면 아무리 일을 못해도 내보내기가 정말 어렵다. 아마도 세계에서 해고하기가 가장 어려운 나라가 한국이 아닐까 추측한다. 이러한 사실은 희망퇴직이라는 지극히 한국적인 제도에 잘 드러나 있다. 희망퇴직을 신청하는 사람은 퇴직하는 대신에 보통 2~3년치 급여에 해당하는 퇴직위

로금을 받는다. 물론 법적으로 정해져 있는 퇴직금은 따로 있다. 희망퇴직에 대한 위로금은 한국 노동시장의 경직성을 화폐액으로 환산한 금액일 것이다. 뽑는 것은 자유지만 해고하기는 매우 어려운 것이 한국 노동시장의 현실이다. 이런 상황을 두고 한국을 신자유주의적이라고 하는 것이 옳은 일일까.

한국에서 민간부문에 대한 정부 통제는 이루 다 열거하기 어려울 정도로 많다. 등록금 규제를 너무 철저히 한 결과 한국의 사립 중고등학교는 공립과 다를 것이 없어진 지 오래다. 농산물 수입이 얼마나 철저히 규제되는지 한국의 소고기와 돼지고기 값은 세계에서 가장 비싸다. 한국은 수도권 규제를 심하게 하는 세계 유일의 국가다. 외환위기 때 망해가는 은행을 구하기 위해 외국 자본을 유치해놓고 이제 와서 '먹튀' 논란을 벌이고 있다. 아직도 공무원들과 기업이 뇌물을 거래할 정도로 정부의 재량권이 강하다. 외환시장이 너무 불투명해서 환율을 조작하는지 안 하는지도 알 수 없을 정도다. 이런 나라를 보고 신자유주의 국가라고 하는 것은 분명 무리다.

나의 이런 평가에 동의하지 않는 분이 많을 테니, 객관적인 국제 비교 데이터를 가지고 한국이 얼마나 신자유주의적인지, 또는 신자유주의적이 아닌지를 확인해보겠다. 그러기 위해 신자유주의가 무엇인지부터 살펴보자.

신자유주의란 무엇인가

왜 자유주의가 아니고 신자유주의일까? 신자유주의는 고전적 자유주의와 대비하기 위해서 등장한 말이다. 신자유주의는 1979년 영국에서 대처 총리가 집권하면서 시작되었다. 그 이전까지는 영국뿐만 아니라 세상을 지배하는 사상은 전체주의였다. 나라마다 정도 차이는 있었지만, 국가가 나서서 뭔가를 하는 것이 좋다는 풍조가 팽배해 있었다. 근대 자유주의 사조의 본산지격인 영국에서조차 1970년대에 들어서는 개인적 자유와 재산권을 주장하는 지식인을 찾아보기 어려울 정도였다.

대처 총리가 한 일은 18세기부터 20세기 초까지 100여 년간을 지배한 자유주의 사상을 되살려내는 것이었다. 개인적 자유와 책임의 사상적 기반 위에 작은 정부, 큰 시장 정책을 펴기 시작했다. 그런 면에서는 20세기 초까지의 고전적 자유주의와 다를 것이 없었지만, 구체적인 정책은 다른 모습을 취했다. 이미 방만해져 있는 상태에서 이런 정책들을 펴자니 긴축 재정과 긴축 통화, 국영화된 기업과 국유재산들의 민영화 같은 새로운 정책이 등장했다.

그 이후 미국, 캐나다, 뉴질랜드, 남미의 여러 나라에서 이와 비슷한 정책들이 채택되기에 이른다. 이런 사조와 정책들을 일컬어 고전적 자유주의와 구별되는 신자유주의라고 부르게 되었다. 하지만 신자유주의든 고전적 자유주의든 개인의 자유와 책임, 작은 정부, 시장의 자율을 강조한다는 점에서는 다를 것이 없었다.

신자유주의의 구체적 정책들을 열거해보면 다음과 같다.

① 경제적 자유의 보장 → 불필요한 규제의 폐지 및 완화
② 국가 간 개방 폭의 확대 → 상품, 서비스, 자본, 노동의 국가 간 이동을 방해하는 관세 및 비관세 장벽의 폐지 또는 완화
③ 작은 재정 → 재분배적 목적의 재정규모 축소 및 감세
④ 통화가치 안정 → 중앙은행의 목적을 통화가치 안정에 두기, 경기 자극 목적의 금리인하 정책 안 하기
⑤ 법치주의 → 엄격한 법집행과 사법부의 독립성

우리가 신자유주의 국가라고 믿고 있는 한국에는 이 같은 신자유주의 정책들이 얼마나 스며들어 있을까. 국제비교를 통해서 한국의 위치를 조망해보기로 한다.

덴마크, 핀란드, 스웨덴이 한국보다 훨씬 신자유주의적이다

한 나라가 얼마나 자유주의적인 경제정책을 펴고 있는지 판단하는 데 도움을 주는 지표들이 몇 가지 있다. 캐나다 프레이저연구소의 경제적 자유지수Economic Freedom Index, 미국 헤리티지재단의 경제자유지수Index of Economic Freedom, 세계은행 기업환경지수Doing Business Indicator 등이 그것이다. 이 지표들의 점수나 순위가 높은 나라일수록 (신)자유주의적 성격이 강한 경제정책을 펴는 나라라고 보면 된다. 각각의 지표들을 만드는 방법은 다르지만, 대개 나라별로 순위가 비슷하게 나온다. 따라서 그중에서 가장 보기가 쉬운 헤리티지재단의 경제자유지수를 활용해서 한국의 위치를 판단해보겠다.

헤리티지재단의 경제자유지수는 전 세계 179개 국가의 경제자유

도를 평가했는데 결론부터 말하면 한국은 31위다.

한국보다 더 신자유주의적이라고 평가된 나라들을 열거해보면 〈표 14〉와 같다.

〈표 14〉 한국보다 더 신자유주의적인 나라들

국가	순위	국가	순위	국가	순위
홍콩	1	싱가포르	2	오스트레일리아	3
뉴질랜드	4	스위스	5	캐나다	6
칠레	7	모리셔스	8	아일랜드	9
미국	10	덴마크	11	바레인	12
룩셈부르크	13	영국	14	네덜란드	15
에스토니아	16	핀란드	17	타이완	18
마카오	19	사이프러스	20	스웨덴	21
일본	22	리투아니아	23	세인트 루치아	24
카타르	25	독일	26	아이슬란드	27
오스트리아	28	우루과이	29	체코공화국	30

한국보다 덜 신자유주의적인 나라 중에 우리가 관심을 둘 만한 나라들을 열거해보면 〈표 15〉와 같다.

〈표 15〉 한국보다 덜 신자유주의적인 나라들

국가	순위	국가	순위	국가	순위
노르웨이	40	이스라엘	48	멕시코	54
프랑스	67	포르투갈	68	터키	73
이탈리아	92	브라질	99	그리스	119
인도	123	중국	138	베네수엘라	174
아르헨티나	158	북한	179		

경제자유지수의 순위를 보면 잘나가는 나라들이 대부분 한국보다 신자유주의적 성향이 강함을 알 수 있다. 그중에서도 가장 자유로운 나라는 홍콩, 싱가포르, 오스트레일리아, 뉴질랜드 같은 곳이다. 흔히들 신자유주의의 대표격으로 지목하는 미국은 이들 나라보다 낮은 10위다. 흥미로운 것은 개혁론자들이 신자유주의와는 거리가 먼 것처럼 간주하는 덴마크, 핀란드, 스웨덴의 경제적 자유도가 매우 높다는 사실이다. 덴마크는 미국에 이어 11위, 핀란드는 17위, 스웨덴은 21위로서 한국의 31위보다 훨씬 높다. 덴마크, 핀란드, 스웨덴이 한국보다 훨씬 더 신자유주의 성향이 강한 셈이다.

반면 경제가 나락으로 떨어지고 있는 많은 나라의 경제자유도는 한국보다 훨씬 낮은 수준이다. 이른바 피그스PIIGS라고 불리며 국가부도 위험으로 다른 나라까지 노심초사하게 하는 남유럽의 국가들은 신자유주의 성향이 매우 낮다. 에스파냐가 36위로 그나마 가장 높다. 포르투갈이 68위, 이탈리아가 92위, 그리스가 119위다.

헤리티지재단은 이런 상황을 지도로 표시하기 위해 나라들을 크게 다섯 등급으로 분류했다. 자유로운 나라Free, 대체로 자유로운 나라Mostly Free, 중간 정도 자유로운 나라Moderately Free, 대체로 자유롭지 않은 나라Mostly not free, 억압받는 나라Repressed의 등급이다. 다음의 지도에서 색깔이 짙을수록 자유도가 높은 나라다. 잘 보이지는 않지만 홍콩, 싱가포르, 오스트레일리아, 미국 등이 가장 짙은 색깔을띤다. 그다음이 유럽의 핀란드와 스웨덴 같은 나라들이다. 한국은 그다음인 중간 정도 자유로운 국가 등급에 포함된다.

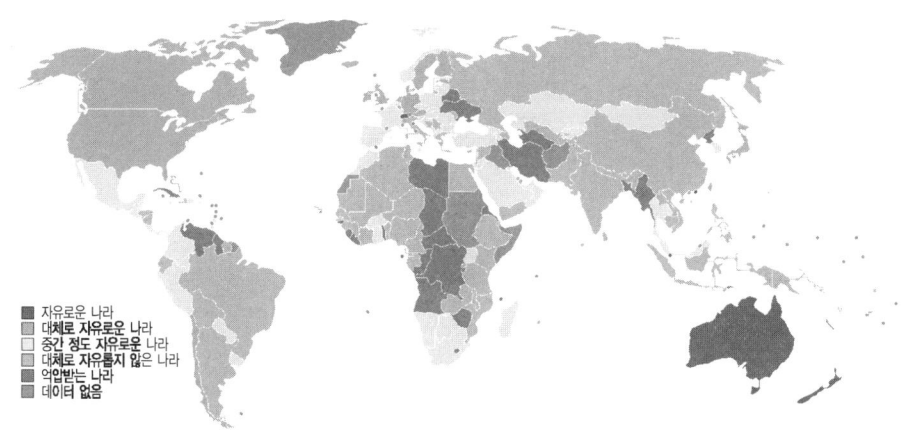

〈그림 15〉 세계 여러 나라의 자유주의 경향(헤리티지재단)

한국의 노동시장과 청렴도는 신자유주의와 천적

헤리티지재단의 경제자유지수는 10개 분야로 구성되는데 분야별로 한국의 강점과 약점을 비교하는 데 유용한 데이터다. 비교 대상으로 삼은 국가 중 홍콩과 싱가포르는 세계에서 신자유주의적인 속성을 가장 강하게 가진 나라다. 미국은 신자유주의의 화신으로 지목한 국가이기 때문에 비교 대상으로 삼았다. 핀란드, 스웨덴, 덴마크는 신자유주의의 대척점에 있는 이상적인 나라로 지목하고 있거나 그럴 만한 나라이기 때문에 포함했다. 그리스는 경제민주화론자들의 말에 상당히 가깝게 따랐다가 위기를 맞이한 나라이기에 포함했다.

〈표 16〉을 보면 한국은 대체로 세금으로부터의 자유와 정부지출의 각 분야에서 높은 점수를 얻었다. 우리가 잘 알고 있듯이 한국은 지금까지 정부지출의 크기를 잘 통제해온 나라이기 때문이다. 기업활동

〈표 16〉 주요 관심 국가들의 2012 경제자유지수 비교

	한국	홍콩	싱가포르	미국	덴마크	핀란드	스웨덴	그리스
기업활동의 자유	93.6	98.9	97.2	91.1	99.1	94.9	94.6	76.3
무역의 자유	72.6	90.0	90.0	86.4	87.1	87.1	87.1	82.1
세금으로부터의 자유	72.8	93.1	91.3	69.8	39.8	65.4	39.1	65.3
정부지출의 작기	67.2	91.0	91.3	46.7	0.0	5.2	8.8	16.2
화폐적 자유	78.9	85.8	84.8	77.2	80.7	81.3	80.9	72.6
투자의 자유	70.0	90.0	75.0	70.0	90.0	85.0	90.0	60.0
금융활동의 자유	70.0	90.0	70.0	70.0	90.0	80.0	80.0	60.0
재산권 보장	70.0	90.0	90.0	85.0	90.0	90.0	90.0	50.0
부패로부터의 자유	54.0	84.0	93.0	71.0	93.0	92.0	92.0	35.0
노동시장의 유연성	49.7	86.5	92.1	95.8	92.1	42.4	54.6	36.6
합계	69.88	89.93	79.91	76.30	76.18	72.33	71.71	55.41
순위	31	1	2	10	11	17	21	119

자료: http://www.heritage.org/index/ranking.aspx

의 자유와 화폐적 자유 분야에서는 다른 나라들과 비슷한 수준을 유지하고 있다. 그러나 무역의 자유에서는 비교 대상 국가들보다 상당히 낮은 수준에 머물러 있다. 예전보다 개방 폭이 늘어난 것은 사실이지만, 다른 나라들과 비교할 때 한국은 아직도 무역에 대한 제한이 많은 나라다.

점수가 가장 낮은 부문은 부패로부터의 자유와 노동시장의 유연성이다. 정책결정 과정이 불투명하다는 것이 부패국가의 이미지를 만

들어내고 있다. 장하준 교수가 비정규직이 많다고 비판한 한국의 노동시장은 세계에서 가장 경직적인 것으로 평가되고 있다.

한국인의 전체주의 성향

국제비교를 통해서 봤을 때 한국은 신자유주의적인 색채가 강하지 않다. 한국의 경제적 자유는 경제민주화론자들이 극찬하는 스웨덴, 핀란드, 덴마크보다도 많이 모자란다. 한국의 여러 부문 중 가장 자유주의적인 요소가 강한 것이 세금과 재정지출이다. 작은 만큼 상대적으로 민간부문이 잘 작동할 수 있었다. 하지만 이것마저도 빠르게 악화되고 있다. 이명박 정부 들어 재정적자와 국가부채가 큰 폭으로 늘고 있는 데다 무상 급식, 무상 보육, 반값 등록금 등 선심성 복지지출이 확대일로를 걷고 있기 때문이다. 그만큼 한국 민간부문의 자유는 줄어들 것이다. 그 결과는 한국경제의 활력 저하로 나타날 것이다.

이런 여러 상황에도 한국을 마치 신자유주의의 화신인 것처럼 자학하는 것은 국제적 현실과 맞지 않는다. 이는 어쩌면 한국인의 강한 전체주의적 성향 때문인지도 모른다. 한국인은 세계가치조사World Value Survey에서 개인적 책임 대신 정부가 책임지는 것이 좋다는 전체주의적 성향을 강하게 드러냈다.* 일만 터지면 정부는 왜 뒷짐만 지고

---

* 세계가치조사World Value Survey라는 프로젝트가 57개국 사람들을 대상으로 가치체계를 조사했는데 그중에는 전체주의 또는 개인주의적 성향을 보여주는 지표도 있다. 특정 사회 문제에 대해서 정부책임과 개인책임을 대립시킨 후 각자가 1점에서 10점까지를 선택하게 했다. 1을 택한 사람은 정부책임을 가장 선호하는 것이고 10

있느냐는 말이 거의 자동으로 나오는 우리의 일상적 경험을 숫자로 보여주는 것이 이 조사인 것 같다. 그런 처지에서 보면 지금과 같은 약간의 경제적 자유마저도 지나친 것으로 비칠 수 있다. 하지만 국제적인 관점에서 본다면 한국은 우리가 걱정할 정도로 신자유주의적인 나라가 아니다.

을 택한 사람은 개인의 책임을 선호한 것이다. 대상국 전체 평균은 4.8인데 한국은 3.5를 기록했다. 스웨덴은 6.4, 핀란드는 6.0으로 우리보다 개인책임이라고 생각하는 성향이 훨씬 강했다. 한국보다 더 정부 지향적으로 생각하는 나라는 러시아와 이라크, 요르단, 모로코 같은 중동 국가들이었다.

MB는 신자유주의자가 아니다

MB가 신자유주의를 했다고?

MB 정권이 막바지를 향해 가고 있다. 12월이 대선이니 이제 몇 달도 채 남지 않았다. 세계 7대 강국, 4만 달러의 꿈과 함께 맞이했던 정권인 만큼 아쉬움도 크다. 나는 정말 큰 시장, 작은 정부가 실현될 줄 알았다. 한국의 서비스업이 보호의 껍질을 벗어버리고 세계에 진출할 줄 알았다. 공기업들이 민간의 활력으로 환골탈태하기를 기대했다. 세상의 웬만한 나라들과 FTA가 체결되어 우리의 이른바 '경제영토'가 엄청나게 넓어질 줄 알았다. 압도적인 다수로 대통령에 당선되었으니 거리낄 것이 없었다.

그러나 지켜진 약속들은 드물다. 다행히 한-EU FTA, 한-미 FTA는 체결되었지만 따지고 보면 노무현 정권 때부터 추진되어오던 것들이다. 이 정권만의 힘으로 체결된 FTA는 없다. 의료시장, 유통시장 등 서비스 시장을 키우겠다던 약속도 실종되어버린 지 오래다. 공기업 민영화 약속 역시 자취를 감춘 지 오래다.

오히려 원래의 기업 친화적 정책 대신에 좌파 후보들이 내세운 정책들이 속속 자리를 잡았다. 작은 정부라는 구호가 무색할 정도로 국가부채는 늘어났고, 감세 약속도 지지부진하다. 2011년 시작된 대기업 압박정책은 노무현 정부 때보다 더 심하다는 말을 들을 정도다. 그런데도 MB에게는 신자유주의자라는 주홍글씨가 같이 붙어다닌다. 잘못돼도 한참 잘못되었다. MB는 결코 신자유주의자가 아니다.

MB 시작과 끝이 너무 다르다

이 정부가 '큰 시장 작은 정부'를 철학으로 한 것은 잘한 일이다. 그렇게 해야 투자가 늘고 일자리가 많아진다. 부자의 것을 뺏어서 가난한 자에게 주는 식으로는 일자리가 생길 수 없다. 그것을 깨달았기 때문에 지난 대선에서 국민은 민주당 후보 대신 압도적인 표차로 한나라당 후보인 MB의 손을 들어주었다.

그리고 그 약속대로 교육, 의료, 유통 등 서비스업에 대한 규제를 풀고, 기업들의 투자를 막는 수도권 규제 등을 크게 손봤다면 지금쯤 많은 일자리가 생겨 있을 것이다. 그러나 촛불시위를 겪고 난 후 이 정부의 정책 방향은 급격하게 왼쪽을 향하게 된다. 큰 시장 작은 정부가 아니라 차츰 정부가 시장에 개입하는 쪽으로 방향을 튼다.

중도실용을 거쳐 친서민으로 방향을 틀 때까지 주된 내용은 큰 정부였다. 정부가 더 많은 돈을 베풀겠다는 내용이다. 더욱 뜻밖인 것은 그 후 이어진 상생과 동반성장이라는 정책이다. 정권 출범 당시 국정의 가장 중요한 동반자로 삼았던 대기업을 자신이 정치적으로 궁지에 몰리자 희생양으로 삼는 정책이기 때문이다. 기름 가격과 통신비 인하 압박, 초과이윤공유제, 대기업 견제를 위한 국민연금 의결권 행사 같은 것은 그야말로 관치의 결정판이다. 비즈니스 프렌들리에서 시작한 정부가 정반대 정책들로 대미를 장식하고 있는 셈이다.

만약 노무현 정부가 이런 정책들을 들고 나왔다면 아마도 당시 한나라당으로부터 엄청난 공격과 비난을 받았을 것이다. 그러나 지금은 어떤 정당도 이런 반시장적 정책에 제동을 걸지 않는다. 나 같은 극히 일부의 '극우파' 인사만이 미운 털 박힐 것을 감수해가며 목청을 높일 뿐이다.

광우병 촛불시위에 굴복한 것은 지지자들을 배신한 것이다

MB 정부의 성격이 바뀌는 데는 광우병 촛불시위가 결정적 역할을 했다. 그런데 이런 변화는 황당하다. 이 시위는 MB 반대자들의 정치적 시위일 뿐이었다. 시위대를 들뜨게 한 광우병에 관한 정보들은 대부분이 거짓이었다. 광우병에 대한 선동과 같이 들고 나왔던 '미친 교육'이나 민영화 반대 논리 역시 터무니없는 것이었다. 그런데도 많은 시장 친화적 개혁 약속이 시위 후에 사라져갔다.

그때까지 MB가 한 정책은 잘못된 것이 없었다. 아니, 잘잘못을 가릴 만큼 뭔가를 제대로 시도해보지조차 못했을 때였다. 그런데도 시위 한 번에 너무 많은 것을 포기해버렸다. 비겁해도 너무 비겁한 처사다.

물론 MB에게 고쳐야 할 것은 있었다. 사람을 쓰는 방식과 소통의 방식이 그것이었다. 도덕적으로 문제가 있는 사람만 골라 쓰는 듯한 그의 인사 방식은 좌우를 떠나 환영하기 어렵다. 밀어붙이거나 포기하거나 양자택일식의 행동방식에도 문제가 있었다. 그것은 기업인으로서는 신속한 의사결정일 수 있지만, 정치인으로서는 될 수 있는 대로 피해야 할 일이다. 대통령은 정치의 중심이다. 하고 싶은 일이 있다면 다양한 설득방법을 동원해서 국민을 설득하는 것이 순리이고 도리다. 그런데 정치의 중심인 대통령이 정치는 안 하고 행정만 하겠다는 태도를 보인 것은 답답한 일이었다.

이런 약점들이 촛불시위의 중요한 요인으로 작용했음이 분명하다. 그런데 이런 약점들은 그대로 둔 채 정작 가장 중요한 유권자들과의 약속만 폐기해버린 것이다. 반대자들의 협박 때문에 지지자들과 한 약속을 저버린 것은 정치적인 배신이다.

MB의 변신은 보수 정치인이 설 땅을 앗아갔다

지난 정권 말기에 좌파진영의 사람들은 인기 없는 노무현을 가리켜 보수진영에 바치는 선물이라고 말하곤 했다. 그런데 이번에는 MB 정권이 좌파에게 드리는 우파의 답례 같다는 생각이 든다. 자신이 내걸었던 보수다운 약속들은 모두 폐기하고 그 대신 좌파의 정책들을 내걸었으니 유권자들이 뭐라고 생각하겠는가. MB의 그런 태도는 대다수 국민에게 우파의 정책은 틀리고 좌파의 정책이 옳다는 증거로 받아들여진다. 우파임을 자처하던 대통령이 스스로 틀렸음을 자인하는 마당에 어떤 정치인도 큰 시장 작은 정부 정책이 옳다고 다시 주장할 용기를 가지기 어려울 것이다. 박근혜와 한나라당이 원래의 줄푸세 공약을 버리고, 이름마저 새누리당으로 바꾼 데는 MB의 그런 태도가 큰 역할을 했을 것이다. 새누리는 새 세상을 뜻한다. 『한국경제신문』의 정규재 논설실장 말대로 그런 이름은 혁명을 추구하는 세력이나 내걸 만한 것이다. 거기다 당의 색깔마저 붉은색이라니…… 무엇을 가치로 하는 당인지 알 수 없는 지경이 되어버렸다.

그런다고 지지자가 늘지 않는다

MB가 그렇게 하는 이유는 정치공학 때문일 것이다. 그렇게라도 해서 지지율을 높이고 싶을 것이다. 자신을 지지한 이른바 보수층은 그야말로 집토끼다. MB가 웬만큼 좌로 가더라도 자기들이 별수 있겠는가. 좌파를 지지할 수는 없을 테고 별수 없이 계속 새누리당을 지지할 것이다. 그러니 좌파정책들을 내세워 좌파 유권자를 끌어들인다면 결과적으로 정치적 지지율을 높일 수 있다는 계산이 선다.

잠깐은 그런 정치공학적인 수가 통할지 모른다. 하지만 과거 MB 정권을 지지한 사람들은 시퍼렇게 눈을 뜨고 있다. 다만 말을 안 하고 있을 뿐이다. 어느 정도의 좌향좌에 대해서는 봐줄 수 있겠지만, 도가 지나치면 집토끼도 떠나간다. 요즈음 새누리당과 민주당 사이의 차이가 얼마나 되나. 예를 들어 강원도지사 후보로 나왔던 두 사람을 생각해보라. 한나라당의 엄기영 후보와 민주당의 최문순 후보 사이에 어떤 차이가 있는지 알 수 없다. 차이가 줄어든 만큼 보수층이 새누리당을

찍어야 할 이유도 그만큼 줄어든다. 최근의 여론조사에서 민주당 지지율이 새누리당을 넘어선 것이 우연한 일은 아니라고 생각한다. 그동안 계속 무시만 당해온 집토끼들의 반란이 시작된 것인지도 모른다.

한국경제는 사회주의화되기 시작했다

영국 현대사의 우여곡절을 알게 된 때문인지, 나에게는 요즈음 한국의 정세가 매우 불안하게 느껴진다. 제2차 세계대전 직후 노동당이 집권하면서 영국에는 요람에서 무덤까지를 내건 복지제도가 완비된다. 그 재원을 마련하기 위해 소득세는 최고세율 97퍼센트까지 치솟는다. 말 안 듣는 대기업들을 모두 국영기업으로 만들어간다. 자유주의의 본산이던 영국이 민주적 절차를 통해서 사회주의를 택하게 된 것이다. 그리고 35년간 영국병을 앓으며 과거의 영광을 모두 잃어간다. 영국은 대처의 개혁을 거치고서야 가까스로 다시 강자의 면모를 되찾게 된다.

우리가 지금 들어서고 있는 길이 60년 전의 영국과 매우 흡사하다. 여야를 막론하고 복지 확대는 대세로 자리 잡았다. 공론의 장은 온통 양극화 이야기로 도배되고 정책논의는 복지와 재분배와 '동반'에 묻혀 있다. 세금 역시 늘어날 것이 확실해보인다. 조만간 부유세라는 것도 현실화될 것이다. 대기업에 대한 압박과 통제도 도를 더해간다. 곽승준 미래기획위원회 위원장이 이미 암시하고 있듯이 국민연금의 의결권을 활용한다면 얼마든지 대기업들을 실질적인 공기업으로 만들어갈 수 있다. 한국민이 그동안 가져왔던 약간의 시장경제 정신마저 버리고 '민주적'으로 사회주의를 택하게 될 날이 그리 멀지 않아 보인다.

한국은 북유럽보다 남유럽을 더 닮았다

스웨덴 복지제도의 아버지라고 불리는 뮈르달Gunnar Myrdal이 복지제도의 도입을 강력히 주장할 수 있었던 것은 스웨덴 노동자들의 근로 윤리를 믿었기 때문이다. 복지제도하에서 근로자들이 일 안 하기를 택한다면 그 나라는 온전할 수 없다. 돈을 주든 안 주든 일 자체를 보람으로 알고 일하는 사람이 많아야 한다. 그게 바로 막스 베버Max Weber가 프로테스탄티즘의 윤리라고 한 태도다. 사람들이 그런 근로 윤리를 갖고 있어야 복지제도를 하더라도 경제를 튼튼하게 유지할 수 있고 복지제도도 지속가능해진다. 물론 믿었던 스웨덴 노동자들조차도 복지제도로 상당히 게을러지긴 했지만 말이다.

근로 윤리가 강하지 않은 나라에서의 복지제도가 어떤 결과를 가져오는지를 우리는 그리스나 포르투갈 같은 남유럽 국가들에서 보고 있다. 생산하지 않고는 나눌 것도 없다는 것은 거부할 수 없는 철칙이다.

한국 근로자들은 과연 어느 정도의 근로 윤리를 가지고 있을까. 실업수당을 타기 위해 엉터리 구직 활동을 하는 사람들을 보면서 오히려 남유럽과 더 가까운 것이 아닌가 하는 걱정을 하게 된다. 만약 그 걱정이 사실이라면 무상 시리즈가 늘어날수록 일 안 하고 먹는 사람들의 수는 더욱 늘어날 것이다. 복지 논의에 앞서 과연 한국 사람들이 어느 정도나 일 자체를 보람으로 알고 일할 수 있는지를 점검해보는 일이 급선무다.

우리는 바로 가고 있나

한국에는 시대의 흐름을 거스르는 유전자가 있는 것 같다. 1960년대 이후 40년간은 한국의 개방과 자립정신을 기른 기간이었다. 이는 당시 세계적 조류와는 정반대의 것이었다. 식민지에서 독립한 나라는 대부분 수입대체를 통한 폐쇄경제 구축에 여념이 없었다. 선진국들 역시 대부분 복지확대를 위한 큰 정부 정책을 추구하고 있었다. 그런 시기에 한국은 홍콩, 싱가포르, 타이완과 더불어 자유경제로 방향을 전환한 몇 안 되는 나라 중 하나다. 한국은 폐쇄경제 대신 수출이라는 개방전략을 선택했다. 또 국민이 나라의 배급 체제에 의존하게 하기보다는 자립정신을 기르는 정책을 폈다.

1980년대 이후 세계 대부분의 나라가 복지정책과 큰 정부 정책에 대폭 수정을 가한다. 서브프라임 위기 이후 재정적자가 늘어나고 금융규제가 약간 늘어난 것 말고 경제 자유화 추세가 바뀐 것은 없다.

특히 눈에 띄는 것은 스웨덴, 덴마크 등 북구 복지국가들의 변신이다. 복지제도 때문에 심각한 경기침체를 겪은 이 나라들은 1990년대 이후 규제를 풀고 세금을 줄이는 등 시장 친화적 개혁을 해오고 있다. 〈그림 16〉〈그림 17〉〈그림 18〉은 복지국가의 대표격으로 알려진 덴마크, 스웨덴, 핀란드의 경제자유지수가 1990년대 이후 지속적으로 높아져 왔음을 보여준다. 이 나라들이 1990년대 이후 경제성장세를 되찾은 것은 이와 같은 제도적 변화 때문이다.

그런데 우리는 이제 그들과 반대 방향으로 역주행을 시작하려 하고 있다. 무상 급식은 이미 시작되었고, 의료와 교육과 보육이 무상으

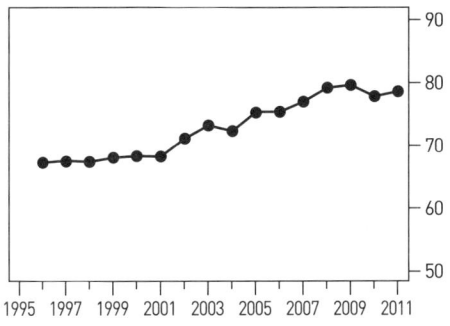

〈그림 16〉 덴마크의 경제자유지수(헤리티지재단)

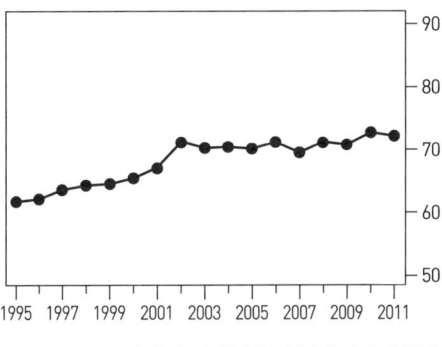

〈그림 17〉 스웨덴의 경제자유지수(헤리티지재단)

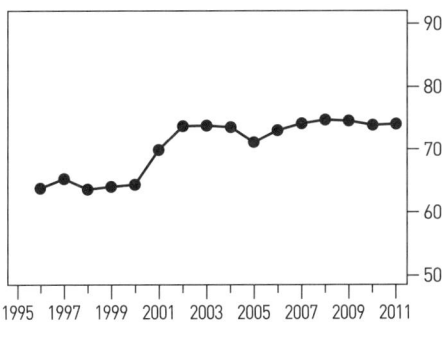

〈그림 18〉 핀란드의 경제자유지수(헤리티지재단)

로 주어지게 될 것이다. 무상의 파도는 주택으로, 문화활동으로, 휴가로 이어질 것이다. 부자 감세라는 구호를 극복하지 못하는 한 세금도 늘어날 것이고, 대중에게 밉보인 대기업들은 국민연금 의결권 행사를 통해서 공기업화의 길을 걷게 될 것이다. 한국은 50년 전과는 반대 방향의 역주행 길로 들어섰다.

사회주의로 가는 길

한국이 사회주의의 길로 들어서고 있다는 것은 거의 확실하다. 보수의 아이콘이던 박근혜 대표가 좌파경제학자인 김종인을 경제정책의 최고 인재로 영입했다. 새누리당에서는 경제민주화실천모임이라는 좌파정책 추구자들이 가장 활동적이다. '수구꼴통'이라고 손가락질을 받던 『조선일보』, 『중앙일보』, 『동아일보』조차도 복지를 가장 중요한 화두로 꺼내 들었을 정도니 웬만해서는 이 추세를 막을 수 없다.

　한국이 이런 길로 들어서게 된 데 이명박 대통령의 역할이 매우 컸다. 그 반대의 것이 옳다고 목청을 높인 사람이 원래 주장을 모두 거둬들이고 복지와 분배만을 말하고 있으니 사회주의가 옳음에 대해 그것만큼 좋은 증거가 어디 있겠는가. 하지만 다시 묻고 싶다. 원래 내걸었던 기업 친화적, 큰 시장 작은 정부의 공약이 틀렸다고 생각하는가. 돌려놓기에는 이미 때가 늦었지만 그래도 속마음만은 알고 싶다.

금융위기는 자유주의를 벗어나서 생겼다*

자유주의가 심각한 도전에 직면해 있다. 미국의 주택가격 하락에서 비롯된 금융위기가 일파만파로 전 세계에 불황과 파산과 실업의 그늘을 드리우고 있다. 사람들은 그 원인을 자유시장 탓으로 돌리고 있다. 자본가들의 탐욕을 내버려둔 것이 화근이니, 지금부터라도 규제를 강화해서 탐욕의 고삐를 죄어야 한다고 말한다.

작은 정부 원칙에 동의해온 선진 여러 나라가 이제 재정적자와 재정팽창을 부르짖고 있다. 작은 정부가 아니라 큰 정부가 새로운 시대사조로 자리 잡아 가고 있는 것이다.

엎친 데 덮친 격으로 세계 자본주의의 중심으로 여겨지던 월스트리트 스스로 자유주의를 포기하고 있다. 그곳의 주역인 금융사들이 정

---

* 이 글은 계간 『시대정신』 2009년 봄호에 게재되었다.

부에게 구제금융을 요청하고 있으니 말이다. 자유주의의 중심원리는 자유와 책임이다. 각자가 자신의 판단에 따라 자유롭게 선택하되 그 결과가 잘못되더라도 직접 책임진다는 원리다. 망할 지경에 처했으니 살려달라고 나라에 손을 벌리는 것은 자유주의 원리를 포기하는 것이다.

사정이 그러하다 보니 이번 세계경제 위기의 근본원인을 자유주의 탓으로 정리해가는 것이 확실하다. 대응책 역시 자유주의가 아니라 정부 개입주의가 대세를 이루고 있다. 한국에서도 마치 경제민주화가 위기 해결책이나 되는 양 인식되어가고 있다.

하지만 대세가 늘 옳은 것은 아니다. 러시아 공산 혁명 이후의 공산주의도 세계적인 대세였지만, 결말이 얼마나 참혹했는가. 다수 여론이 늘 옳다면 경제학 같은 학문은 생겨날 이유가 없었을 것이다.

이번의 세계적 경제위기도 원인을 찬찬히 따져보면 자유주의가 아니라 그것에 반대되는 정책을 편 데 더 큰 문제가 있었음을 그리 어렵지 않게 알 수 있다. 특히 이 사태의 가장 큰 원인인 통화팽창 정책은 자유주의에 반하는 정책이었다. 그래서 이번 사태를 해결하는 방법도 통화팽창이나 재정팽창이 아니라 시장의 기능을 더욱 원활히 하는 것이어야 한다. 그러나 각국에서는 여전히 통화팽창, 재정팽창 정책을 실시하고 있다. 이런 식의 대응이 지속하는 한, 위기 역시 끊임없이 반복될 것이다.

미국발 금융위기의 자초지종

인터넷의 보급과 디지털 기술의 확산은 1990년대의 호황을 가져다주었다. 이른바 신경제라고 불리던 그 호황이 새천년의 시작과 함께 저물기 시작했다. 기업들이 도산하고 실업자는 늘어날 조짐을 보였다.

미국 연방준비위원회(이하 연준위)를 이끌고 있던 그린스펀Alan Greenspan은 미국을 불황으로부터 구해내기 위해 뭔가 해야 한다는 압박을 느끼고 있었다. 결국 그린스펀이 택한 방법은 파격적인 금리인하를 통한 유동성 확대였다. 돈을 풀어서 임박한 불황을 수습해보려 한 것이다.

연준위는 금리 목표를 2001년 1월의 6.5퍼센트에서 계속 하향 조정해서 2003년 6월에는 1퍼센트까지 낮추어버렸다. 2년 남짓한 기간에 금리를 6분의 1로 낮춰버린 것이다. 역사적이라는 수식어가 붙을 정도의 초저금리였다.

연준위가 금리를 낮춘다는 것은 시중은행들이 연준위로부터 낮은 금리로 돈을 빌릴 수 있다는 말이다. 은행들이 쉽게 돈을 빌릴 수 있게 된 결과 시중에는 돈이 넘쳐나게 되었다. 2000년 12월부터 2004년 12월까지 유동성은 30퍼센트나 증가했다.

넘쳐나는 돈은 은행에 새로운 과제를 부여했다. 돈이 넘쳐나는 만큼 어떻게든 대출을 늘려야만 했다. 게다가 물가상승분을 고려했을 때 연준위의 기준금리 1퍼센트는 실질금리가 마이너스라는 뜻이다. 다시 말해서 연준위로부터 돈을 빌려다가 재대출하지 않는 은행은 실질적으로 손해를 보는 셈이었다.

은행들은 저마다 대출금리를 낮췄다. 2002년부터 2006년까지 모기지mortgage(주택저당대출) 금리가 7~8퍼센트에서 4~6퍼센트로 낮아졌다. 늘어난 유동성을 소화하기 위해 저마다 대출처를 찾아나섰다. 대출심사 기준을 완화해서 상환능력이 없어서 과거 같으면 대출을 받지 못할 사람에게도 대출을 내주기에 이른다. 우리가 비우량 주택담보 Sub-prime 대출이라고 부르는 것이 바로 이런 상환능력이 부족한 사람에게 내어준 대출이다.

그러다 보니 사람들은 너도나도 주택 구매에 나섰다. 평소 같으면 자신의 능력으로 감당할 수 없는 주택을 집값이 오를 것이라는 기대 때문에 샀다. 당연히 그 여파는 주택 가격에 영향을 미쳤다. 집값이 오르기 시작했고 모든 사람이 집값이 더 오를 것이라는 기대로 또 집을 샀다. 집값 거품이 생기기 시작한 것이다.

이 과정에 패니메이Fannie Mae와 프레디맥Freddie Mac이라는 두 모기지 전담 금융기관이 큰 작용을 한다. 이 두 기관은 미국의 몇 안 되는 공공-민간 합작기업이다. 이들이 비우량 대출 사태의 당사자가 된 까닭은 이들이 대출과정에서 보여준 도덕적 해이 현상 때문이다. 도덕적 해이란 쉽게 말해서 단물은 자기가 취하고 쓴 물은 타인에게 떠넘기는 행위를 말한다. 그런데 이 두 기관의 손익 귀속 구조가 그런 식으로 되어 있었다. 즉 주택담보 대출을 해서 이익이 나면 자신들이 취하고, 손실이 나면 정부가 보전해주는 식이다. 그러다 보니 이들이 위험한 대출을 선호하는 것은 당연한 일이었다. 소비자가 대출금을 못 갚아서 손실이 발생하더라도 정부가 구제해줄 것이 확실할 때 여러분 같으면 어떻게 하겠는가. 이러한 상황에서 금리만 충분히 받을 수 있다면 부도 확률이 높은 사람에게도 대출해주게 되는 것은 자연스러운 반응이다.

저소득층의 주택보유율을 높이겠다는 연방정부의 정책 목표도 비우량 주택담보 대출의 확대를 촉진했다. 한국도 그렇듯이 미국 정부도 서민들의 주택보유 촉진이 중요한 정책 목표다. 하지만 서민들은 대부분 소득이 많지 많아서 주택담보 대출을 받을 자격이 없다. 그런데 연방정부는 위의 두 기관을 앞세워 그런 사람들에게도 대출을 해주었다. 그 정책이 상당한 성과를 나타낸 결과 미국의 주택보유율은 정책 시행 이전의 64퍼센트에서 69퍼센트로 높아졌다. 집값이 계속 오를 때는 상환능력이 문제되지 않았지만, 금리가 올라서 집값이 하락하기 시작하자, 바로 그 사람들부터 대출금 상환 불능 사태가 일어나기 시작했고 그것이 금융위기의 도화선이 된 것이다.

이런 상황을 더욱 악화시킨 것은 위험자산의 유동화였다. 이는 흔히 파생상품이라고 부르는 것으로서 금융기관들이 헤지펀드들에 위험한 자산, 즉 떼일 가능성이 있는 대출을 떠넘길 수 있게 된 것이다. 운전자가 보험에 가입하고 나면 마음이 편해져서 운전에 조심을 덜 하듯이 파생상품도 금융기관들에게 돈을 떼일 수 있다는 사실을 덜 무서워하게 만들었다. 그렇게 되자 금융기관들의 대출이 더욱 공격적으로 바뀌게 되었다.

이런 요인들이 겹쳐서 갚을 능력이 없는 사람들에게까지 주택담보 대출이 이루어졌다. 그런 대출을 비우량 대출이라고 한다. 급기야 소득도, 직업도, 재산도 없는 사람에게 주어지는 이른바 '닌자' 대출까지 나왔다. 그 결과 미국 국민의 주택보유율은 64퍼센트에서 69퍼센트로까지 높아졌다. 그러나 그것은 불안정한 행복이었다.

풍부한 달러의 유동성은 미국의 집값을 높였지만 다른 물가도 덩달아 올리기 시작했다. 대외적으로도 달러 가치 하락을 불러와 유가, 곡물 가격 등 달러로 표시된 모든 상품의 가격을 올려놓았다. 그러자 통화 당국으로서는 저금리정책을 무한정 유지할 수 없었다. 연준위도 2005년부터 기준금리를 인상하기 시작했고 미국의 시중금리도 높아져 갔다.

당연히 변동금리 주택담보 대출로 주택담보 대출을 받은 소비자들의 부담은 늘었고, 특히 상환능력도 없이 단순히 집값이 오를 것이란 기대 때문에 대출을 끼고 집을 산 소비자들은 난감한 상황에 이르렀다. 그들이 집을 매물로 내놓기 시작하면서 집값이 내려가기 시작했고 집값이 더 떨어질 것을 우려한 사람들이 집을 더 많이 내놓는 악순환의 고리가 형성되기 시작됐다.

드디어 2006년 말부터 비우량 주택담보 대출 시장이 붕괴되기 시작했다. 그 여파로 모기지 증권과 파생상품에 투자한 금융기관들에도 어려움이 닥치기 시작했다.

집값 하락이 지속되자 급기야 많은 가구에서 집값이 대출총액 밑으로 내려가는 일이 속출하게 되었다. 어쩔 수 없어서가 아니라 의도적으로 상환을 포기하고 압류를 선택하는 소비자들마저 생겨나기 시작했다.

집값 하락의 여파는 미국 소비자들에게 주택담보 대출을 제공한 모든 금융기관으로 퍼져나갔다. 모기지 전담 기업인 패니메이와 프레디맥은 물론이고 그들에게 돈을 댄 수많은 기업에서 부실채권이 발행됐다. 언제 어떤 금융기관에 부도가 닥칠지 모르는 상황이 된 것이다.

미국의 금융시장 사정이 이렇게 되자 월스트리트의 투자자들은 국외에 투자해놓았던 자금을 회수하기 시작했다. 특히 다른 나라의 주식시장에 투자해놓았던 자금을 회수해서 달러로 바꿔 본국으로 송금하는 일이 벌어졌다. 그런 일이 벌어진 나라의 주식 가격은 폭락했고, 달러가 빠져나가면서 달러에 대한 환율은 올라갔다. 증시에서 외국인 투자비율이 높은데다가 외환시장이 미국 달러 위주로 구성된 한국에서도 그런 현상이 아주 심하게 일어났다.

주택시장에서 비롯된 미국발 금융위기는 소비시장도 얼어붙게 했다. 2000년부터 5년간 미국 소비자들은 풍요를 구가했다. 나날이 올라가는 집값을 믿고 좋은 차와 좋은 음식과 값비싼 국외여행에 돈을 썼다. 그러다가 집값이 내려가자 자연스럽게 소비가 줄어들게 되었고, 그것이 일파만파로 모든 산업에서의 판매부진, 생산축소로 연결되었다. 그 때문에 실업자가 늘게 되고 그것이 더 큰 소비위축을 불러왔다.

미국 소비자들의 지출 축소는 수입 감소로 이어졌고, 미국에 수출하는 다른 나라들에는 수출 감소로 나타났다. 미국에서 발생한 비우량 대출 사태가 전 세계로 번져나가게 된 것이다.

이런 사태를 경제적 자유주의 탓으로 돌려야 할까. 근본 원인은 돈을 풀어서 경기를 살리려던 정책이었고, 돈줄을 조이면서 문제가 불거진 것이다. 그리고 이런 인플레 정책은 거의 매번 불황으로 이어진 것이 역사의 교훈이다.

　물론 문제가 시장을 통해서 나타난 것은 분명한 사실이다. 금융기관의 도산도, 신용경색도, 실업도, 환율 폭등도 모두 시장에서 나타난 현상이다. 그러나 그 원인을 시장의 자유주의에서 찾는 것이 옳을까. 그런 식이라면 자본주의 사회에서는 시장이 모든 것의 원인이 되어버린다. 우리가 늘 숨을 쉬고 있기 때문에 폐암의 원인이 공기에 있다고 말하는 것이나 크게 다를 바 없어 보인다.

자유주의에 대해서

자유주의란
자유주의란 개인의 자유를 중시하는 정치철학을 말한다. 국가의 강압으로부터 자유로운 개인을 강조하는 사조라고 보면 된다. 자유주의는 경제적 자유주의와 정치적 자유주의로 나누어볼 수 있다. 경제적 자유주의는 사유재산권과 거래의 자유, 개인적 책임, 작은 정부 등을 강조하는 반면, 정치적 자유주의는 왕이나 독재자의 강압으로부터 자유롭게 각자가 개인의 정치적 견해를 표출할 수 있는 자유를 강조한다. 이들 두 원칙은 서로 보완적일 수도 있고 상충할 수도 있는데, 금융위기와 관련해서 책임론이 거론되고 있는 것은 경제적 자유주의다. 이 글이 주제로 삼고 있는 자유주의도 경제적 자유주의에 국한된다.

　자유주의가 개인의 자유를 중시한다고는 하지만, 진정한 자유주의는 그것 말고도 관련된 원칙을 여러 가지 포함한다. 여기서 빼놓을 수 없는 것이 책임이다. 자유가 소중하기는 하지만, 책임 없는 자유는 방종에 지나지 않는다. 각자가 자신의 의사에 따라서 자유롭게 결정하되 그 결과에 대해서도 책임을 져야 한다는 것이 자유주의의 요체다. 성공해도 본인의 책임이고 실패해도 본인의 책임이라는 것이다.

개인의 자유와 책임이라는 원칙이 분명히 뿌리 내리게 하려면 제도적인 장치를 갖추어야 하는데, 법치를 통한 재산권 보호, 자유무역주의, 재정규모의 최소화, 규제의 최소화, 건전한 통화정책 같은 것이 그것이다.

규제의 최소화, 법치의 확립, 자유무역, 재정규모의 최소화 같은 것이 경제적 자유의 중요한 내용을 차지한다는 것에 대해서는 긴 논의가 필요 없다.

우리가 자유주의의 제도적 기반을 논할 때 간과하기 쉬운 것이 건전한 통화정책이다. 결론부터 말하면, 돈을 풀거나 이자율을 낮추는 등의 방법으로 경기를 자극해서는 안 된다는 것이다. 돈을 많이 풀게 되면 물가가 오르게 마련이다. 그것은 결국 돈을 가지고 있는 국민의 재산권을 실질적으로 잠식하게 된다. 그뿐 아니라 돈을 많이 풀다 보면 결국 거품이 나타나게 되고, 그 거품이 꺼졌을 때 국민은 더 큰 곤경에 처하게 된다는 것이 하이에크Friedrich August von Hayek나 미제스Ludwig Edler von Mises 같은 자유주의 경제학자들의 한결같은 주장이다. 그래서 자유주의자들에게 화폐 당국의 임무는 통화가치를 일정하게 유지해주는 것에 머물러야 한다. 현대 자유주의의 선구자격인 프리드

먼Milton Friedman이 국민소득 증가율에 기초한 준칙주의 통화정책을 제안한 것도 그런 연유에서다. 10년 전 외환위기 당시 IMF가 구제금융을 줄 때 고금리 정책을 밀어붙인 것도 같은 맥락에 서 있다.

이렇게 본다면 비우량 사태 이전 미국 연준위를 이끈 그린스펀의 통화정책은 건전한 자유주의적 통화정책의 범위를 크게 벗어났음이 분명하다. 1퍼센트의 초저금리와 6퍼센트가 넘는 고금리 사이에서 파도타기식 통화정책을 감행했기 때문이다.

자유주의의 간략한 역사

자유주의가 학문적으로 체계화된 곳은 17세기 이후의 서유럽, 그중에서도 특히 영국이었다. 흄David Hume, 애덤 스미스Adam Smith, 존 스튜어트 밀John Stuart Mill 같은 사람들이 자유주의 원칙을 체계화했는데 우리는 그것을 고전적 자유주의라고 한다. 그것을 받아들인 영국은 세계 최강의 국가로 떠오른다. 자유주의의 바통을 이어받은 미국은 영국에 이어서 최강의 국가가 된다.

자유주의가 유럽 각국에 풍요를 가져왔지만, 그와 동시에 붕괴의 씨앗을 뿌리기도 했다. 각국의 경제적 자유는 산업혁명을 가져왔는데, 그 때문에 도시 노동자의 수가 급증했다. 그들을 기반으로 하는 새로운 사조, 즉 사회주의가 세력을 넓혀갔다. 유럽의 지식 세계는 페비안 사회주의자들과 마르크스Karl Marx, 엥겔스Friedrich Engels 이후 급속도로 사회주의화되어간다. 러시아에서 일어난 볼셰비키 혁명과 1930년대 미국의 대공황에서 비롯된 세계적 불경기는 세계 지식 세계를 거의 완벽하게 사회주의로 물들인다. 거의 모든 유럽 나라에서 산업은 국유화되어갔고, 최고 세율은 최소 70~80퍼센트를 넘어가게 되었다. 사유재산권 보장보다는 공공의 이익을 위한 국가개입이 시대의 대세가 되어갔다. 고전적 자유주의는 흔적조차 찾아보기 어려울 정도가 되어버렸다.

사회주의의 높은 파도 속에서 살아남은 사람들이 유럽에서는 하이에크를 비롯한 오스트리아학파고, 미국에서는 프리드먼으로 대표되는 시카고학파다. 이들의 노력과 시대적 운이 작용한 결과 영국에서는 대처가 등장하고, 미국에서는 레이건이 나와서 그동안 좌파정책으로 힘겨워진 경제를 살려내는 데 성공한다. 서구 좌파의 정신적·물질적 후원자였던 소련이 붕괴되고 베를린장벽이 무너지면서 시대정신은 자유주의 쪽으로 옮겨간다.

사람들은 대처와 레이건의 개혁을 고전적 자유주의가 새로운 모습으로 등장했다고 해서 '신'자유주의 개혁이라고 부른다. 신자유주의 개혁은 영국과 미국을 넘어서 뉴질랜드, 캐나다, 칠레 등으로 퍼져나간다. 1980년대 이후의 세계 질서에서 신자유주의는 대세를 이루어왔다고 보아도 지나치지 않다.

'신'이라는 수식어가 붙긴 했지만, 자유주의는 모두 자유주의로서 개인적 자유와 개인적 책임, 작은 정부를 핵심으로 하는 사상이다. 달라진 것이 있다면 시대 상황에 맞게 외형이 달라졌다는 것이다. 대표적인 것이 민영화와 규제 완화, 긴축통화 정책 같은 것이다. 고전적 자유주의 시대에는 정부의 기능 자체가 작았기 때문에 민영화라는 말도 필요 없었다. 그러나 1930년대 이후 수많은 기업이 국유화되었기 때문에 그것을 되돌리기 위한 작업이 필요했으며, 그 이름을 민영화라 부르게 되었다. 규제 완화 역시 그렇다. 좌파정권의 득세 이후 수많은 규제가 생겨났고, 미국조차도 거미줄 같은 규제들을 당연하게 여기게 되었다. 그것을 원래 상태로 되돌리는 작업이 규제 완화였다.

자유주의와 번영

자유주의가 이상향을 가져다주는 것은 아니지만, 최소한 물질적 번영을 가져다주는 것은 분명하다. 이런 사실은 나라와 나라를 비교해서도 확인할 수 있고, 역사를 통해서도 알 수 있다.

지금 내가 논의하고 있는 자유주의는 주로 경제적 자유주의를 말한다. 나라별 경제적 자유를 체계적으로 평가한 지표로는 앞에서 사용한 헤리티지재단의 경제자유지수와 캐나다의 프레이저연구소가 만들어내는 세계경제자유지수 두 가지가 있다. 여기서는 프레이저연구소의 지수를 사용하려고 하는데, 헤리티지재단의 지수와 달리 이 지수는 2년 전의 데이터를 사용하기 때문에 세상의 변화에 대한 반응이 늦은 편이다. 2011년에 발표된 지수는 2009년의 상황을 반영하고 있는 식이다. 그럼에도 여기서 프레이저연구소의 지수를 사용하려는 이유는 이 연구소의 보고서에 경제자유지수와 국민소득의 관계 등 연관된 분석이 잘 제시되어 있기 때문이다.

이 지수는 ① 법치주의의 확고함과 사유재산의 안정성, ② 통화와 물가의 안정성, ③ 국제무역의 자유도, ④ 금융, 노동, 기타 사업환경에서 규제 없는 환경, ⑤ 정부의 크기라는 다섯 가지 부문에서 측정된다.

2011년 9월에 발표된 자료가 가장 최근의 것인데, 이는 2009년의 상태를 평가한 것이다. 141개국을 대상으로 한 평가에서 1위는 홍콩이었고, 그 뒤를 이어 싱가포르, 뉴질랜드, 스위스, 오스트레일리아, 칠레, 영국, 미국 등이 상위 그룹을 형성하고 있다. 시장경제에서 가장 먼 나라들로는 짐바브웨, 미얀마, 베네수엘라, 네팔 등이 대표적이다. 한국은 30위를 차지했다.

경제적 자유주의가 물질적 번영을 가져다준다는 나의 가설이 옳다면 경제자유지수가 높은 나라일수록 1인당 소득수준은 높아질 것이다. 실제 그런지를 확인하기 위해 141개국을 네 등급으로 나눈 후 각 그룹에 속한 나라들의 1인당 국민소득을 평균해보았다. 그 결과는 〈그림

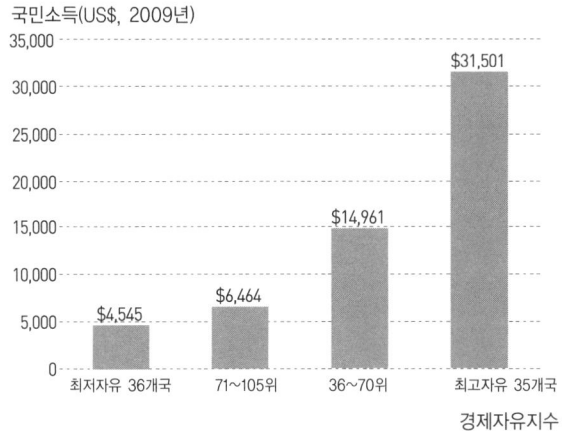

〈그림 19〉 경제자유와 국민소득 수준

자료: Fraser Institute, *Economic Freedom of the World: 2011 Annual Report*, World Bank, World Development Indicatars.

19〉의 그래프와 같다.

시장경제를 가장 철저히 하는 35개 나라의 국민소득은 평균 3만 1,501달러였다. 그다음 그룹들은 경제자유지수가 낮아짐에 따라 소득도 1만 4,961달러, 6,464달러, 4,545달러로 낮아졌다.

이 결과는 사유재산권을 확고히 인정해주고, 경제활동의 자유를 잘 보장해주며, 다른 나라와의 무역에 대해서 개방적인 나라일수록 국민의 소득수준이 높아진다는 사실을 말해준다. 즉 자유주의가 확고히 정착된 나라일수록 소득이 높아짐을 숫자로 확인할 수 있다.

한 나라의 소득수준은 결국 생산성에 비례한다. 경제적 자유가 많이 허용된 나라일수록 소득이 높아지는 것은 사유재산제와 경제적 자유, 경쟁이 그 나라 사람들의 생산성을 높여주기 때문이다.

그렇게 멀리 갈 필요도 없이 한국 국민의 생활수준이 북한 동포들과는 비교도 안 될 정도로 높은 것은 남한 사람들에게 허용된 경제적 자유 덕분이다.

미국과 캐나다, 오스트레일리아, 뉴질랜드 등 영국의 식민지였던 나라들이 멕시코, 베네수엘라, 페루, 볼리비아 등 에스파냐의 식민지였던 나라들보다 풍요를 누리고 있는 이유도 자유주의에 있다. 영국은 식민지에 자유주의를 심어준 반면 에스파냐는 철저한 통제주의와 집단주의로 일관했다.

한 나라 안에서의 역사를 보더라도 이런 사실은 확인할 수 있다. 조그마한 섬나라인 영국이 세계 최강의 '해가 지지 않는 나라'로 떠오를 수 있었던 시기는 이 나라가 철저한 자유주의 원칙에 따라 운영되던 때였다. 제2차 세계대전 이후 노동당이 집권하면서 실질적 사회주의 국가가 되자 이 나라의 경제는 가라앉았고, 1970년대에는 결국 구제불능인 유럽의 환자로 전락해버리고 만다. 철의 재상인 대처가 집권해서 경제적 자유주의를 복원한 후에야 비로소 영국은 다시 번영의 길로 돌아온다. 자유주의와 경제적 번영의 이런 관계는 영국뿐 아니라 대부분의 나라에서 공통적으로 관찰되는 현상이다.

금융위기가 자유주의 때문인가
앞에서도 설명했듯이 세계적 금융위기의 원인은 크게 세 가지로 압축할 수 있다.

① 일부 소비자의 무분별한 주택 구매 행태
② 새로운 파생상품의 등장에 따른 금융기관들의 느슨한 대출 심사
③ 연방준비위원회의 초저금리 정책

이 중에서 앞의 두 가지 원인은 2000년대 이후 갑자기 생긴 것이 아니라 늘 있었던 문제다. 소비자 중에는 늘 무책임한 사람들이 있기 마련이고 파생상품도 어제오늘 생긴 것이 아니다.

이번 사태의 궁극적 원인은 바로 세 번째 것에 있다. 이른바 신경제의 후퇴라는 불황을 막기 위해 그린스펀은 1퍼센트라는 역사적 초저금리 정책으로 전 세계에 유동성을 쏟아부었고, 그것이 미국을 비롯한 전 세계의 집값 상승을 불러왔다. 그러다가 금리를 높이자 집값은 급

락하기 시작했고, 주택담보 대출을 받은 소비자들은 부도를 내기 시작했다.

그런 상황에서 금융기관들의 자금 사정이 악화하는 것은 파생상품이 없더라도 큰 차이가 없었을 것이다. 다시 말해서 ③이라는 사태가 없었다면 ①과 ②는 그다지 문제가 되지 않았을 것이라는 말이다.

그린스펀 독트린이라는 이름으로 불린 그린스펀의 통화정책은 금융기관들의 도덕적 해이를 더욱 심화시켰다. "자산 가격 거품이 존재하는지 아닌지는 거품이 꺼졌을 때나 알 수 있기 때문에 통화 당국은 가격 거품을 잡을 수 없고, 잡아서도 안 된다. 단지 거품이 꺼진 후 희생자들을 구제하는 역할에 그쳐야 한다"는 것이 그린스펀 독트린의 내용이다. 집값이 오를 때는 인위적으로 개입하지 않겠지만, 나중에 값이 내려가서 부도가 나면 구제금융을 주겠다는 것과 다를 게 없는 말인 셈이다. 내가 투자한 부동산의 값이 오르면 그 이익은 내 것이 되고 값이 내려가서 부도가 나면 나라에서 구제금융을 준다고 하면 여러분은 어떻게 하겠는가. 당연히 값이 내려갈 위험은 가볍게 여기게 될 것이다. 미국의 은행들은 그런 원리를 충실히 따랐고, 공격적 대출에 나섰다.

은행들이 무책임하게 행동하게 한 데는 두 모기지 공기업의 구조도 큰 몫을 했다. 정부와 민간의 합작기업인 이 두 기업은 이익이 나면 본인들이 취하고 손실이 나면 정부가 책임지는 구조로 되어 있었다. 따라서 손실 위험을 과소평가하는 것은 당연한 귀결이었다.

이렇게 본다면 문제는 월스트리트가 아니라 그린스펀이 이끌었던 미국 통화 당국의 널뛰기식 금리정책이었다. 통화 당국의 책무는 경기 조절이 아니라 통화가치의 보전이라는 자유주의적 통화정책의 목표를 지켰다면 이런 일은 일어나지 않았을 것이다.

결국 자유주의가 문제를 일으킨 것이 아니라 통화 부문에서의 자유주의적 원칙을 지키지 않은 것이 문제의 발단이었던 셈이다.

해결책은 무엇인가

원인은 그렇다 하더라도 이미 벌어져버린 사태를 어떻게 수습할 것인가. 이와 관련해서는 상반된 두 가지 시각이 있다. 첫째는 유동성 함정을 이번 사태의 본질로 이해하는 것이다. 다른 것은 문제가 없는데, 갑자기 유동성이 부족해진 것이 문제라는 인식이다. 그러다 보니 은행이 대출을 중단하게 되었고, 그래서 더욱 유동성이 부족해져 실물에도 문제가 생기게 된 것이다. 그런 어려움이 실물로 번져서 소비자들이 주머니를 닫고 기업에서도 일자리가 줄어들게 되었다는 것이다.

또 이런 식의 생각도 할 수 있다. 어떤 이유에서건 사람들이 미래를 지나치게 비관적으로 보기 시작한 것이 문제다. 그러다 보니 저마다 지갑을 닫게 되고, 그래서 실제로 경기가 나빠진다. 미래를 비관적으로 보는 태도는 자기충족적 예언이 된다고들 말한다. 그래서 인위적으로라도 소비를 촉진해서 자기충족적 예언의 고리를 끊어야 한다는 것이다.

물론 이런 진단을 하는 사람들도 과거 몇 년간 지나치게 풀려나온 유동성이 문제였다는 것은 인정한다. 하지만 그런 궁극적 원인과 이번 사태의 해결책은 달라야 한다고 생각하는 사람들은 대개 유동성 함정에서 원인을 찾는다.

만약 이 견해가 옳다면 돈을 풀어서 유동성을 늘리는 것이 해법이다. 정부라도 돈을 풀어서 소비를 해주면 공장은 돌아갈 것이고 소득은 다시 생겨날 것이다. 중앙은행이 돈을 풀고 정부가 재정지출을 늘리면 생산도 소비도 정상으로 돌아올 수 있다.

이런 것이 케인스식 발상이다. 한국 정부를 비롯한 대부분의 정부들이 1930년대 대공황 이후에 그랬듯이 또다시 케인스의 처방을 따르기 시작했다.

그러나 이번 사태를 바라보는 완전히 다른 시각이 있다. 지금의 금융위기와 불황이 지난날 정부의 통화남발 정책이 빚어낸 착각의 소산이라는 것이다. 시중에 돈이 넘쳐나서 사람들은 부자가 된 듯한 착각에 빠진다. 집값도 오르고 주식값도 올라서 더욱 부자가 된 듯 생각한다. 지나치게 좋은 집을 사고 지나치게 좋은 차를 타면서 흥청거린다. 신용카드를 손에 든 아이들이 마치 부자가 된 듯 돈을 써대는 것과 같다. 그러나 착각 위에 세워진 호황은 오래갈 수 없다. 인플레를 막기 위해 정부는 돈줄을 조일 수밖에 없고, 그러면 호황은 막을 내린다. 집값은 내려가고 대출을 해준 은행도 부실채권의 늪에 빠진다. 대출은 막히고 소비는 줄어든다. 기업에서는 일자리가 줄어 실업자가 늘어난다. 즉 현재의 불경기와 신용경색은 지난날 착각에서 비롯한 지나친 소비의 자연스러운 귀결이다. 마치 개인들이 카드만을 믿고 흥청망청 돈을 쓰다가 결국 그 빚을 갚지 못해 신용불량자가 되는 것에 비유할 수도 있다. 카드빚으로 흥청거린 뒤에 따르는 것은 극심한 소비위축일 수밖에 없다.

어느 쪽의 견해를 택하느냐에 따라 처방은 완전히 달라진다. 첫 번째 견해를 택할 때 해법은 중앙은행이 금리를 낮춰 돈을 풀고 정부는 적자를 내서라도 재정지출을 적극 늘려야 한다.

그러나 만약 두 번째 견해가 맞는다면 인위적 경기부양은 어리석은 일이다. 아니 어리석음을 넘어 해롭기까지 하다. 지금의 어려움은 지난날 돈을 물 쓰듯 한 결과인 만큼 상당 기간 소비를 줄이는 것은 당연하다. 소비가 줄어서 생산이 줄어들고 관련된 일자리가 줄어들겠지만, 그것은 과거의 지나친 소비에 대한 대가를 치르는 과정이기 때문에 감내해야 한다.

돈을 풀어 인위적으로 경기를 살리고 쓰러지는 기업에 구제금융을 준다면 소비 축소는 더뎌지고 산업구조는 잘못된 상태를 지속한다. 그러다가는 머지않아 더 큰 불황을 맞이할 개연성이 높다. 또는 일본이 잃어버린 10년 동안 경험한 것처럼 아주 긴 기간 불황의 늪에서 헤매게 될 수도 있다.

1980년대 말 부동산 거품이 꺼졌을 때 일본은 그 뒤처리를 시장에 맡기는 대신 구제금융을 택했다. 그것은 금융기관의 부실채권이 정리되지 않았음을 뜻하는 것이었고, 돈이 제대로 흘러다니지 못함을 뜻하는 것이었다. 그 결과는 이른바 잃어버린 10년으로 나타났다. 즉 구제금융은 사태의 신속한 해결을 방해해서 불황을 장기화하는 원인이 되었다.

그러면 지금의 상황은 어느 쪽일까. 두 번째의 견해가 옳다고 생각한다. 그린스펀의 말대로 2001년부터 비우량 대출 사태가 시작되기 전까지의 호황을 비이성적 과열현상Irrational Exuberance으로 보는 것이다. 돈이 무한정 풀리다 보니 사람들은 저마다 돈을 빌려서 주택 구매에 나섰고, 집값은 천정부지로 올랐다. 사람들은 부자가 된 줄로 착각하고 돈을 써댔고, 그것에 기초해서 미국경제는 흥청거렸다. 금리가 싼 달러가 다른 나라들에도 흘러들어가 모든 선진국에서 돈이 넘쳐나고 집값이 올랐다. 집을 짓기 위한 수출도 늘고 수입도 늘었다. 중국, 인도, 브라질처럼 선진국에 수출해서 먹고사는 나라들도 모두 흥청거렸다. 한국이 좌파정권의 반시장적 정책에도 그럭저럭 경제성장을 유지할 수 있었던 것도 그러한 세계적 분위기 때문이었다. 세상이 모두 부자가 된 듯이 돈을 써댔지만, 실상은 돈이 만들어낸 착각이었다.

이렇게 보면 지금의 불황은 과거의 지나친 소비를 바로잡는 시장의 치유과정인 셈이다. 그것은 집집이 씀씀이를 줄이는 과정이면서, 잘못된 소비를 뒷받침하던 산업구조를 바로잡는 과정이기도 하다.

자유주의의 위기

이미 살펴보았듯이 이번 사태의 궁극적 원인은 반자유주의적 통화정책에 있다. 따라서 해법은 자유주의적 통화정책을 회복하는 데서 찾는 것이 정도다. 그러나 실제 정책들은 오히려 자유주의를 더욱 훼손하는 방향으로 이루어지고 있다.

가장 심각한 타격을 받는 것은 건전한 재정의 원칙이다. 자유주의는 작은 정부의 원칙을 지지한다. 일반적으로 정부 재정의 규모가 커질수록 시민의 자유가 줄어들기 때문이다. 정부가 쓰는 돈이 공짜가 아니다. 정부의 재정자금은 세금과 재정적자로 조달할 수밖에 없다. 세금이 커질수록 국민 각자가 사용할 수 있는 소득은 줄어들기 마련이므로 자유의 폭은 줄어든다. 재정적자 역시 자유와는 역행한다. 재정적자는 정부가 거둔 세금보다 더 많은 돈을 사용할 때 발생한다. 그런데 그 돈은 하늘에서 떨어지는 것이 아니라 민간에서 나오기 십상이다. 국채나 지방채 같은 정부 빚을 통해서 조달되기 마련인데, 그것을 민간이 산다. 그럴수록 민간기업이 투자자금을 구하기는 어려워진다. 어떻게 생각해보면 정부의 재정적자는 상당 부분 민간의 투자를 줄인 대가라고 볼 수 있다. 재정적자가 늘어날수록 민간 자율의 영역은 축소되고 정부의 영향력은 늘기 마련이다. 어떤 경로를 택하든 재정팽창은 국민 생활에 대한 정부의 영향력을 키우고 개인으로서 국민의 자유의 폭은 줄어든다.

통화정책 면에서도 자유주의는 심대한 타격을 받고 있다. 사실 이번 사태를 가져온 가장 큰 원인은 저금리를 통해서 IT 거품 붕괴의 후폭풍을 피해버린 것이었다. 그것을 위해 동원된 저금리 정책이 집값 거품을 만들었고, 그것의 붕괴와 더불어 금융위기가 찾아온 것이다. 그런데도 또다시 불황 극복을 위한 저금리 정책이 동원되고 있다. 그리고 이번의 저금리 정책과 유동성 정책은 나라를 가리지 않고 일어나고 있다.

방만한 통화정책이 자유주의의 적이라는 사실은 짐바브웨 같은 나라를 보면 알 수 있다. 누구에게나 돈은 가장 중요한 재산가치의 보전 수단이다. 그런데 돈이 많이 풀리게 되면 국민은 돈의 가치를 믿지 못하게 되고 경제활동의 자유는 무의미하게 되어버린다. 그것은 짐바브웨뿐만 아니라 제1차 세계대전 이후의 독일, 공산정권 붕괴 이후의 유고슬라비아, 아르헨티나 등 통화남발 현상을 겪은 모든 나라가 경험한 현상이다.

물론 지금 일어나고 있는 통화팽창 현상이 짐바브웨, 독일 등에서 벌어졌던 통화남발과는 분명 다른 측면이 있다. 위의 사례들에서는 통화에 대한 수요가 거의 없음에도 통화팽창이 이루어졌다. 통화에 대한 수요가 없다는 말은 사람들이 저마다 돈을 가지고 있지 않으려는 상황을 뜻한다. 누구나 손에 돈만 들어오면 최대한 빨리 현물로 바꾸기를 원하는 상황이다. 이처럼 통화에 대한 수요가 극심하게 떨어진 상황에서 돈이 더 풀려나오니까 돈의 가격은 나락을 모르고 떨어지게 된다. 정부 태도에서도 돈을 발행해서 재정자금을 쓰려다 보니 더 많은 통화를 발행해야만 한다. 이런 과정을 거쳐서 초인플레이션이 발생한다.

그런 면에서 본다면 지금 전 세계적으로 벌어지고 있는 통화팽창은 다른 측면을 가지고 있다. 결정적 차이는 통화에 대한 수요에 있다. 지금은 통화에 대한 수요가 엄청나게 늘어나 있다. 개인들도 기업들도 모두 미래를 불안하게 생각하기 때문에 재산을 현금 형태로 가지고 있으려고 하는 것이다. 그래서 은행들은 대출을 회수해서 금고에 쌓아두거나 다른 은행에 찾기 쉬운 형태로 맡겨둔다. 개인들 역시 정기예금이나 펀드 같은 투자자산의 형태보다는 될 수 있는 대로 인출이 쉬운 형태로 가지고 있으려고 한다. 통화란 유동성이 높은 재산 또는 현금

화하기 쉬운 재산을 말한다. 지금처럼 사람마다 유사시에 찾기 쉬운 형태의 재산을 선호한다는 것은 통화에 대한 수요가 크다는 것을 뜻한다. 그래서 중앙은행이 돈을 풀어내도 돈이 돌지 않는다. 은행들이 들어온 돈을 자기 금고에 넣어두기 때문이다. 또 외환 당국이 외화보유액을 풀어서 외환시장에 내놓아도 어디로 갔는지 흔적없이 사라지는 것은 미국 달러에 대한 수요도 엄청나기 때문이다. 달러가 나오는 족족 미국 투자자들이 자신들이 가지고 있던 원화와 교환해서 달러를 본국으로 가져가기 때문이다.

돈에도 가격이 있고, 수요와 공급의 법칙에 따라 가격이 형성된다. 돈에 대한 수요가 많으면 돈의 가격이 비싸고 공급이 많으면 값이 내려간다. 인플레이션이란 돈의 가격이 내려가는 현상이다. 요즈음처럼 통화에 대한 수요가 매우 큰 상황에서는 웬만큼 통화를 공급하더라도 통화의 값이 내려가질 않는다. 하지만 언제까지 통화에 대한 수요가 지금처럼 높은 수준을 유지할 수는 없는 노릇이다. 은행들이 돈을 쌓아두고만 있을 수는 없지 않은가. 어느 정도 불확실성이 걷혔다고 생각하는 시점이 되면 은행들이 대출을 재개할 것이다. 그러다 보면 은행 금고에 갇혀 있던 돈은 시중을 돌아다니는 돈으로 성격을 바꿀 것이고 사람들은 너도나도 돈을 현물로 바꾸려고 나설 가능성이 높다. 그렇게 된다면 지금 풀려나온 엄청난 양의 돈은 재앙이 되어 돌아올 공산이 높다.

재산권의 원칙이 희석될 가능성도 높다. 재산권은 자유주의의 핵심적 가치 가운데 하나다. 각자에게 선택의 자유를 주되 그 결과도 각자에게 귀속하게 하는 것이다. 실패한 선택에 대해서도 책임을 지게 하는 것이 재산권의 원칙에 맞는다. 그런데 금융위기의 와중에 생겨난 수많은 기업에 구제금융이 주어지고 있다. 만약 이번 위기의 원인이 단순한 유동성 부족이나 비관적이고 자기충족적인 태도에 있다면, 그 때문에 쓰러져가는 기업을 살려줌으로써 사태의 원상회복을 도모할 수 있을 것이다. 그러나 이미 설명한 대로 지난날의 흥청거림에 대한 대가로 지금 사태를 겪는 것이라면 부실기업 지원은 상대적으로 건전한 기업들에게 불이익을 주는 격이 된다. 부실기업들이 좀비기업 형태로 남아 정리되지 않음으로써 그들은 계속 돈을 삼킬 것이고 불확실성이 지속되어 건전한 기업들까지도 사정이 어려워진다. 무엇보다도 새로운 산업이 생겨날 가능성을 낮추고 그 시점을 늦추는 것이 문제다. 새로운 산업이 생겨나려면 기존의 산업과 기업에서 자본과 인력이 풀려나와야 할 텐데 부실기업을 살려두기 때문에 의미 없고 불필요한 경제활동에 인력과 자본이 묶이게 되는 것이다. 따라서 그만큼 경기회복 시점은 늦어진다.

그나마 자유주의 원칙 가운데서 훼손이 많지 않은 것은 개방과 세계화다. 경기가 나빠질수록 나라마다 뭔가 해야 한다는 정치적 압박을 받기 마련이며, 그중에는 어려움에 부딪힌 자국 산업을 외국의 경쟁기업으로부터 보호하는 정책이 상당한 우선순위를 가지기 마련이다. 하지만 그런 선택은 죄수들의 딜레마적 성격을 가진다. 자기 나라만 보호주의를 택하고 다른 모든 나라는 가만히 있으면 좋겠지만, 보호주의는 전염병과 같아서 어느 한 나라가 보호주의를 택하면 상대방 국가도 보호주의로 보복을 해온다. 그런 과정을 거쳐서 모든 나라가 서로 문을 닫아걸게 된다면 시장축소 때문에 모든 나라가 더 지독한 불황의 나락으로 떨어지게 된다. 1930년대에 세계 각국이 지독한 불경기를 겪어야만 했던 가장 큰 이유는 미국에서 비롯된 문닫기식 보호무역주의 때문이다.

다행인 것은 과거의 경험을 통해서 보호무역주의가 위험하다는 사실을 많은 사람이 인식하고 있다는 것이다. 이제 최소한 선진국의 지도자들은 서로 문 닫기를 택하면 공멸하게 된다는 인식은 확실히 공유하고 있는 것 같다.

하지만 개방경제에 대한 공감대가 과연 현실 정치로부터의 보호주의적 압력을 견뎌낼 수 있을지는 지켜봐야 할 문제다. 모든 나라가 구제금융을 줄 때 자국 기업만을 대상으로 하며 재정지출의 혜택도 자국 기업에만 국한하고 있다. 이런 움직임이 확산되다 보면 또다시 보호주의의 전염병으로 번질 수 있다. 세계의 지도자들이 공감하고 있는 개방경제에 대한 신념이 과연 국내정치의 압력을 견디고 살아남을 수 있을지는 두고 볼 일이다.

이처럼 대부분의 측면에서 자유주의는 약화할 것이다. 개인의 영역이 증가해오던 지금까지의 추세는 꺾이고 상대적으로 정부의 영역이 커질 것이다.

하지만 대세라고 해서 그것이 옳은 것은 아니다. 1930년대의 대공황 이후 나라마다 무역의 장벽을 쌓던 보호무역주의가 시대의 대세였지만 그것이 옳은 것은 아니었다. 이번 사태에 따른 자유주의의 위축도 세계경제에 많은 주름살을 안겨줄 것이다.

자유주의 구하기

역사를 돌아보면 자유주의가 번창할 때 국민의 생활은 풍요로웠다. 그래서 자유주의에서 멀어져가고 있는 작금의 현상은 안타까운 일이다. 세계 각국에서 벌어지고 있는 수많은 반자유주의적인 정책은 임시방편에 불과하다. 염증으로 피부가 썩어가는데 진통제로 고통만 가라앉히는 격이다. 근본 해법은 진통제가 아니라 근본적으로 환부를 도려내는 것인데도 말이다.

물론 진통제를 이용한 임시조치가 필요할 수도 있다. 그러나 그것은 어디까지나 임시조치로 끝나야 한다. 진통제를 오래 사용하다 보면 중독이 생겨 근본 원인의 치료는 더욱 어려워진다.

통화정책만 해도 그렇다. 돈을 많이 풀어서 경기의 급격한 악화를 막아내는 데 성공했다고 하자. 그 때문에 일어나는 인플레를 방지하기 위해 통화를 회수하고 금리를 높이면 심각한 금단현상이 나타난다. 지금 우리가 겪고 있는 신용경색 현상이 바로 그런 금단현상 아닌가.

재정규모도 한 번 늘어나면 줄이기는 매우 어렵다. 누군가는 그 돈으로 삶을 꾸려왔을 텐데, 그것을 줄이면 그 부문의 소득도 줄고 일자리도 사라져버린다.

재정과 통화정책을 통한 임시조치의 필요성을 인정하더라도 작은 정부 원칙으로 돌아갈 수 있는 범위 내여야 함을 잊지 말아야 한다.

물론 시장에 전혀 문제가 없는 것은 아니다. 신용평가기관들조차다가올 신용경색의 위험을 제대로 평가하지 못했다는 것은 시장의 치명적 결함이다. 그러나 그것에 대한 치유책은 시장의 불완전함으로 보완하는 것이어야 한다. 시장의 문제를 치유한다고 시장 자체를 정부가 대체한다면 더욱 큰 재앙을 몰고 올 수도 있다.

이런 원칙은 한국이라고 해서 달라지지 않는다. 일자리를 만들기 위해 재정지출을 확대하는 것은 임시조치에 그쳐야 한다. 한국은행이 경기를 자극하기 위해 금리를 낮추는 것도 큰 금단현상 없이 원상회복이 가능한 수준에서 이루어져야 한다. 우리를 잘살게 하는 것은 결국 작은 정부의 원칙이라는 것을 이 정부가 잊지 않길 바란다.

안타깝게도 모든 대선 후보가 근원적인 문제에는 관심이 없다. 진통제 처방에 눈이 멀어 온통 돈 쓸 궁리만 한다. 무상보육, 무상의료, 반값 등록금 정책에는 천문학적인 돈이 필요하다. 그 재원을 조달하려면 세금이 잘 걷혀야 하고 그러자면 성장이 살아나야 한다. 지금처럼 성공한 기업 때리기로 일관한다면 내년부터는 2퍼센트 성장률도 장담할 수 없다. 그러면 누가 세금을 내고, 누가 좋은 일자리를 만들어낼까. 결국 한국은 그리스나 이탈리아처럼 빚더미에 깔리게 될지도 모른다. 그 나라들도 성장 없이 쓰기만 해서 그런 처지가 되지 않았나.

골드만삭스는 2050년 한국인의 1인당 국민소득을 8만 1,400달러로 예측했다. 미국에 이어 세계 2위다. 그 예측을 현실로 만들려면 우리가 자유주의를 더욱 반듯이 세워야 한다. 지난 50년간 우리의 국민소득이 83달러에서 2만 달러가 될 수 있었던 것은 삼성전자, 현대중공업 같은 세계 최고 수준의 제조기업이 나왔기 때문이다. 40년 후 골드

만삭스의 예측이 실현되려면 대기업은 더욱 세계적인 기업이 되고, 중소기업, 중견기업들은 지금 삼성전자 정도의 위치로 올라가야 한다. 금융, 방송, 의료, 교육 같은 서비스업에서도 삼성전자 같은 기업이 나와야 한다. 지금 우리의 머릿속에 담겨 있는 경제민주화 정책은 과연 한국을 그런 방향으로 이끌어가고 있는가? 우리에게는 다시 자유주의가 필요하다.

그리스와 스웨덴과 스위스의 차이

그리스의 국가부도 위기가 세계경제를 뒤흔들어놓고 있다. 독일처럼 기초가 탄탄한 나라도 그리스라는 늪에 같이 빠져 들어가는 듯한 느낌이 든다.

이제는 부실국가의 대명사처럼 되어버렸지만, 그리스가 원래부터 그랬던 것은 아니다. 1980년까지만 해도 그리스는 경제가 탄탄한 나라였다. 1930년 이후 50년간 연평균 5.4퍼센트의 고속성장을 이루었다. 당시로서는 서구 세계에서 가장 높은 성장률이었다.

상황이 꼬이기 시작한 것은 1981년 파속PASOK이라는 이름의 사회주의 정권이 집권하면서부터다. 파속은 전숲그리스 사회주의 운동 Panhellenic Socialist Movement의 줄임말로, 범그리스 사회주의 운동을 뜻한다. 준타라고 불리는 군사독재 정권에 대항해서 생긴 정당인 만큼 국가독립 확보, 민중 주권 확립, 사회적 해방, 민주적 절차 등의 강령이 큰 축을 이루었다. 1981년 선거에서 파속은 의석의 46퍼센트를 획득함으로써 최초로 집권당이 되었다. 그리고 이때부터 본격적인 무상 복지 시리즈가 시작되었다. 실업문제가 생길 때마다 공공부문의 일자리를 늘려서 해결했다.

그 결과는 국가부채의 급속한 증가였다. 1981년 당시 GDP의 28퍼센트이던 국가부채가 10년 만에 100퍼센트 수준에 육박하게 된다. 지금은 150퍼센트 수준이다.

개인이든 나라든 수입과 지출에는 철칙이 있다. 아무리 돈을 많이 쓰더라도 수입이 그보다 많다면 문제될 것이 없다. 그러나 수입보다 지출이 많으면 적자가 나고 빚이 쌓인다.

그리스도 그 철칙을 피해 나갈 수 없었다. 각종 복지정책이 시행되면서 지출은 늘어나는데, 세금 수입은 거북이걸음이었다. 국민이 탈세가 생활화되어 있는데다가 경제성장마저 뒷걸음질을 치니 그럴 수밖에 없었다. 당연히 빚으로 지탱하는 경제가 되었다. 수입은 없고 갚아야 할 돈은 많다 보니 결국 정부가 부도 위기에 직면하게 되었다. 이탈리아와 에스파냐, 포르투갈 역시 비슷한 상황에 놓여 있다.

여기서 짚고 넘어가야 할 것이 하나 있다. 복지혜택을 늘린다고 해서 모든 나라가 그리스나 이탈리아처럼 되는 것은 아니라는 사실이다. 정반대의 사례가 북유럽 국가들이다. 스웨덴, 노르웨이, 덴마크 같은 나라들은 복지재정의 규모가 남유럽 국가들보다 비슷하거나 오히려 더 큰데도 국가부채는 많지 않다. 탄탄한 경제성장세를 유지하고 있다. 남유럽과 북유럽 국가들의 어떤 다른 점이 재정상황의 이런 차이를 만들어낸 것일까.

가장 직접적인 답은 세금이다. 북유럽 국가들은 복지지출도 크지만 세금도 많이 거둔다. 스웨덴의 GDP 대비 복지지출 비중은 30.2퍼센트이고 조세수입 비중은 47.4퍼센트이다. 반면 그리스는 GDP 대비 복지비중은 22.8퍼센트이고 조세수입 비중은 32.3퍼센트이다. 복지비중은 7퍼센트 차이인데 세금은 15퍼센트나 차이가 나는 것이다.

결국 이것은 복지와 세금을 대하는 태도의 차이를 반영한다. 고복지-고세금을 유지하려면 윤리의식이 탄탄해야 한다. 일 안 해도 나라가 먹여 살려준다고 노는 사람이 늘어나면 나라 살림은 거덜나게 되어 있다. 국민이 탈세를 일삼아도 마찬가지가 된다. 다행히 북유럽 국가들은 근로 윤리가 탄탄하기로 정평이 나 있다. 복지혜택과 높은 세금 부담에도 근로 윤리가 상당 부분 유지된다. 사회 전체가 청렴하여 부정수급 문제도 최소 수준으로 유지된다.

남유럽 국가들은 사정이 많이 다르다. 내가 확인할 수 있었던 그리스는 탈세가 일반화되어 있다. 복지혜택 전달 과정에서 일어나는 부정 사례도 비일비재하다. 예를 들어 공식적으로는 무상의료 제도가 시행되고 있는데도, 과도한 의료비 때문에 의사와 병원들이 뒷돈을 받는다. 과도한 의료비 부담으로 파산하는 사람들이 심심찮게 나오는 것은 그 때문이다.

이런 차이는 객관적 지수로도 확인할 수 있다. 국제투명성 기구의 국가청렴도 지수에서 북유럽 국가들은 대부분 최상위에 있지만, 남유럽 국가들은 그보다 한참 낮다. 예를 들어 2010년은 덴마크가 1위이고 스웨덴은 핀란드와 더불어 4위다. 반면 에스파냐 30위, 이탈리아 60위, 그리스는 78위다.

한국은 39위로 오히려 남유럽 쪽에 가깝다. 이것은 단순한 숫자가 아니다. 임대아파트의 전전세는 비일비재하다. 실업급여의 부정수급 사례도 심심찮게 발견된다. 세금도 그렇다. 호화주택에 살면서 세금을 체납하는 사람들이 있다는 뉴스가 그치질 않는다. 서민들도 크게 다르지 않다. 시장 상인들이 현금 소득공제나 신용카드 결제를 안 좋아하는 것은 거래와 소득금액 노출로 세금 부담이 늘어나는 것을 꺼리기 때문이다.

여야 모두 복지경쟁을 벌이고 있으니 분명 복지혜택은 늘어날 것이다. 그것과 더불어 꼭 챙겨야 할 것은 세금과 복지혜택을 대하는 우리 자신의 윤리의식이다.

지금보다 두세 배 더 세금을 낼 자신이 없다면, 그리고 자격 안 되는 복지는 스스로 안 받을 각오가 되어 있지 않다면 스웨덴보다는 차라리 스위스 같은 길을 택하는 것이 현명하다. 스위스의 정부지출 비중은 한국과 비슷한 수준이다. 복지는 주로 가난한 사람을 대상으로 한다. 경제자유는 홍콩, 싱가포르에 이어 세계 최고 수준이다. 그리고 세계에서 가장 잘사는 나라다.

열심히 일해서 경제성장하고, 세금은 꼬박꼬박 내고, 나랏돈을 내 돈처럼 아껴야 스웨덴 같은 복지국가를 만들어낼 수 있다. 그럴 자신이 없다면 스위스와 같은 길을 걷는 것이 낫다.

나는 신자유주의자다*

나는 장하준 영국 케임브리지대학교 교수가 비판해 마지않는 신자유주의자다. 가끔 의견이 같을 때가 있기는 하지만, 대부분의 사안에서 장 교수와 나는 의견이 다르다. 가치관이 다른 것이야 그럴 수 있다 쳐도, 같은 '팩트'에 대해서조차 해석이 정반대여서 당황스러울 때가 많다. 팩트가 같은 토론을 하다 보면 견해차가 좁혀질 수도 있을 것 같다는 희망으로 이 글을 쓴다. 그런 몇 가지 중요한 이슈를 소개한다.

경제적 자유와 성장률의 관계

장 교수 글의 가장 중요한 맥은 신자유주의에 대한 불신이다. 특히 장

---

* 이 글은 대표적 신자유주의 비판자인 장하준 교수의 견해에 대해 내가 비판한 것으로 『한겨레 21』, 908호(2012년 4월 30일)에 게재되었다.

교수는 신자유주의가 경제성장에도 해롭다고 주장한다. 한국도, 남미도 신자유주의를 채택해 성장률이 떨어졌다고 한다. 하지만 그렇지 않다. 한국만 생각해봐도 그렇다. 1960년대 신흥독립국은 대부분 자급자족형 수입대체 정책을 폈다. 반면 한국과 싱가포르, 타이완은 굳게 닫혔던 문을 여는 정책을 폈다. 수출 중심 정책이라고 불린 개방정책 덕분에 이 나라들은 당시 세계에서 가장 빨리 성장하는 나라가 되었다. 자급자족이 아닌 수출 중심 정책은 당시에는 신자유주의 정책이었다고 볼 수 있다.

오늘날 최고의 성장률을 구가하는 중국과 인도도 마찬가지다. 철저히 폐쇄와 국가 통제를 고집하던 중국 공산당이 1980년부터 조금씩 자유와 개방을 허용하기 시작했고, 그것이 높은 성장률로 이어졌다. 인도도 철저한 통제경제였다가 1993년부터 자유와 개방을 허용해 높은 성장률을 만들어냈다.

여기에 대해서도 장 교수의 인식은 정반대다. 중국과 인도의 빠른 성장은 이 나라에 국영기업과 정부 개입이 많기 때문이라는 것이다. 미국이나 한국 등과 비교해보면 중국과 인도는 여전히 통제가 많은 나라인 것이 사실이다. 하지만 중요한 것은 방향성이다. 자신의 과거와 비교해서 자유가 늘어나면 더 많은 에너지가 분출되곤 한다. 여전히 개입이 남아 있다고 해서 그것 때문에 성장률이 높아졌다고 말할 수는 없다. 장 교수의 논리로는 정부의 역할이 훨씬 더 컸던 1980년 이전의 중국, 1993년 이전의 인도는 왜 성장이 저조했는지를 설명할 수 없다.

전체적으로 보면 개방은 오히려 취약한 국내 산업을 위한 자극제였다. 그렇다면 애써서 선진국과의 FTA를 반대해야 할 이유도 없지 않은가.

부동산 버블, 개방에 대한 시각차

오늘날 세계경제를 흔들고 있는 가장 큰 원인은, 비우량 대출 사태로 불리는 미국에서의 부동산 거품 붕괴 사건이다. 장 교수는 부동산 거품도 신자유주의 때문에 생겼다고 말한다. 하지만 신자유주의자들은 그런 비난을 억울하게 생각할 것이다. 통화나 재정으로 경기를 자극하지 말라는 것은 신자유주의의 핵심적 메시지 가운데 하나다. 돈을 풀어 경기를 자극하면 인플레가 생기기 마련이고, 그것을 잡으려고 돈줄을 조이면 경기는 위축된다. 거품 붕괴는 대부분 통화의 증발과 수축 때문에 생기는 현상이다. 오히려 웬만한 인플레는 괜찮으니 돈을 풀어서라도 경기를 살려야 한다고 주장하는 사람은 장 교수 자신이다. 그것이 지나치면 거품이 생겨서 붕괴하는 사고가 터진다. 장 교수의 인식과 달리, 거품은 신자유주의의 처방대로 하지 않기 때문에 생겨난다.

장 교수는 대표적인 한미 자유무역협정 반대론자다. 경쟁력 강한 미국 산업들 때문에 상대적으로 취약한 한국 산업이 피해를 볼 것이라는 걱정 때문일 것이다. 당장 효과만 보면 맞지만 길게 보면 정반대가 진실일 수도 있다. 국제 경쟁 상황이 잠자던 잠재력을 흔들어 깨울 수 있기 때문이다.

지난 50년간의 한국경제의 역사는 개방이 오히려 우리 산업을 강하게 만들었음을 반복적으로 보여준다. 1970년대 말 망해도 할 수 없다며 어쩔 수 없이 과자시장을 열었는데, 망하기는커녕 오히려 한국 과자 기업들이 세계로 뻗어나가는 자극제가 되었다. 1987년의 영화시장 개방은 한국 영화의 업그레이드를 가져왔고, 1998년의 유통시장 개방은 너무 강해져서 걱정거리가 된 한국형 대형할인점의 등장으로 이어졌다.

물론 모든 개방이 그랬던 것은 아니다. 면도기, 전구, 문구류 등은 개방 이후 외국 제품이 국내시장을 석권했다. 하지만 이 업종들은 중소기업 고유업종 정책으로 보호한 것이었음을 주목해야 한다. 보호가 국내 기업의 경쟁 의욕을 앗아가버린 셈이다. 전체적으로 보면 개방은 오히려 취약한 국내 산업을 위한 자극제였다. 그렇다면 애써서 선진국과의 FTA를 반대해야 할 이유도 없지 않은가.

복지와 성장의 관계에 대한 시각차

복지 확대에 대한 찬반 논의가 계속되었지만, 최소한 '팩트' 그 자체에 대해서는 공통의 인식이 있었다. 복지가 경제 향상에 해롭다는 것이었다. 성장론자들은 그래서 복지의 확대를 경계했고, 복지론자들은 그럼에도 복지를 늘리자고 했다. 장 교수는 논의의 출발 자체를 뒤집었다. 복지 지출이 늘면 경제성장도 촉진된다는 것이다. 그 말이 맞는다면 복지를 반대해야 할 이유가 사라진다.

장 교수는 그 증거로 복지지출이 많은 스웨덴과 핀란드의 성장률이 미국보다 높음을 제시했다. 하지만 그런 파격적 결론을 도출하기 위한 증거로 이 세 나라만을 비교하는 것은 충분하지 않다. 이 문제에 대해 가장 종합적인 연구 결과를 내놓은 스웨덴의 베리Andreas Berry와 헨렉슨Magnus Henrekson 두 학자는 장 교수의 주장을 부인한다. 유럽의 경제협력개발기구OECD 국가를 대상으로 분석한 결과, 복지를 포함한 정부 지출 비중이 커질수록 경제성장률은 떨어진다는 이론이 옳다고 결론을 내린 것이다.

그러면 스웨덴, 핀란드, 덴마크 같은 나라는 복지지출 비중이 그리 높은데도 제법 높은 성장률을 유지하는 이유는 무엇인가. 이 논문은 두 가지 이유를 제시한다. 첫째는 국민 사이의 신뢰가 높고, 둘째는 복지 이외의 분야에서 매우 시장 친화적인 제도를 채택했기 때문이라는 것이다.

장 교수는 복지가 잘되기 때문에 시장개방도, 노동시장의 유연성도 받아들일 수 있는 것이라고 말할 것이다. 하지만 그건 비약이다. 복지지출이 많은데도 정부 개입이 심한 나라가 있고, 복지는 빈약하지만 제도가 대부분 시장 친화적인 나라가 있다. 당장 한국만 생각해봐도 그렇다. 무상의료, 무상보육, 무상등록금이 시행된다고 해서 개방 확대, 학교 선택권 확대, 서비스업 자유화 등에 대한 반대 여론이 누그러질 것을 기대할 수 있는가? 시장 친화적 개혁은 복지 확대와 별개로 국민의 결단이 필요한 사안이다.

팩트는 같은데 해석이 반대라면 둘 중 누군가는 틀렸다는 말이다. 누가 맞고 누가 틀렸는지를 밝히기 위해 진지한 토론을 제안한다.

KI신서 4371

다시 경제를 생각한다

1판 1쇄 인쇄 2012년 11월 5일
1판 1쇄 발행 2012년 11월 10일

지은이 김정호
펴낸이 김영곤 **펴낸곳** (주)북이십일 21세기북스
부사장 임병주 **MC기획2실장** 안현주
기획 손인호 조영갑 오미현 이지혜 **디자인 표지** twoes **본문** 노승우
마케팅영업본부장 최창규 **마케팅** 김현섭 최혜령 김다영 강서영 **영업** 이경희 정병철
출판등록 2000년 5월 6일 제10-1965호
주소 (우413-756) 경기도 파주시 문발동 파주출판단지 518-3
대표전화 031-955-2100 **팩스** 031-955-2151 **이메일** book21@book21.co.kr
홈페이지 www.book21.com **트위터** @21cbook **블로그** b.book21.com

ⓒ 김정호, 2012

ISBN 978-89-509-4128-4 03320
책값은 뒤표지에 있습니다.

이 책 내용의 일부 또는 전부를 재사용하려면 반드시 (주)북이십일의 동의를 얻어야 합니다.
잘못 만들어진 책은 구입하신 서점에서 교환해 드립니다.